キャリア教育に役立つ！
官公庁の仕事

監修／稲継裕昭

あかね書房

はじめに

　みなさんの生活を安全で便利にするために、国はさまざまな仕事を行っています。そして、国の仕事を行う人を国家公務員といいます。

　国家公務員は、日本の未来のために、国民の暮らしをよりよくするために、毎日働いています。

　この本では、中央省庁で働く国家公務員が、どのような仕事をしているのかを紹介しています。

　彼らが国のために働かなければ、学校に行くことも、スマートフォンを使うことも、水道から水を飲むことさえできません。

　また、国の仕事には国民から集めた税金が使われているので、これらを知ることはとても重要です。

　さらに、各省庁で活躍する国家公務員が登場し、どうしてこの仕事を選んだのか、どんな夢をもっているのかを語ります。

　将来は国家公務員になりたいと思っている人も、そうでない人も、仕事について考えるためのヒントがたくさん詰まっています。

　ぜひ彼らの言葉を通して国の仕事について知り、みなさんの暮らしとどんな風に関わりがあるのか、考えてみてください。

この本の使い方

役人にインタビュー

- 現役官僚が仕事を語る！
- どんな10代を過ごし、なぜ今の仕事を選んだのか、仕事のやりがいなど、リアルな声が聞ける！
- 出身校から入省後の経歴まで、若手官僚のキャリアを解説
- 仕事をイメージしやすい一日のスケジュール
- 省庁に入るために、今から心がけるべきことがわかる！

解説／ニュース解説

- 38府省庁・委員会の仕事内容を解説。各省庁の役割が一目でわかる！
- 各省庁が関わる最新ニュースを解説
- 実際の仕事の進め方や他の省庁との関わりもわかるイラストチャート付き
- 写真やグラフ、図表が盛りだくさん！
- 各省庁のさまざまな仕事を網羅

キャリア教育に役立つ！官公庁の仕事

目次

政治のキホン
三権分立の大原則 …………… 6

行政の最高意思決定機関
内閣の仕事 ……………………… 8

1府12省庁
中央省庁の組織図 …………… 10

国をつくる！
国家公務員の種類 …………… 12

国家公務員試験
採用までの流れ ……………… 14

財務省
役人にインタビュー
財務省の行政官 ……………… 16
● 本書が考える財務省のキャリアアップと
今できること ……………… 21
解説 財務省の仕事 …………… 22
ニュース解説 消費税のゆくえ ……… 24

経済産業省
解説 経済産業省の仕事 ……… 26
ニュース解説 ものづくりの未来 …… 28

総務省
解説 総務省の仕事 …………… 30
ニュース解説 投票率向上に向けて … 32

外務省
役人にインタビュー
外務省の行政官 ……………… 34
● 外務省職員は、こんな人が向いている！… 39
解説 外務省の仕事 …………… 40
ニュース解説 日本の国際協力 ……… 42

国土交通省
解説 国土交通省の仕事 ……… 44
ニュース解説 ストップ！ 空き家 …… 46

文部科学省
役人にインタビュー
文部科学省の行政官 ………… 48
● 文部科学省職員は、
こんな人が向いている！ ……… 53
解説 文部科学省の仕事 ……… 54
ニュース解説 これからの学校教育 … 56

厚生労働省
解説 厚生労働省の仕事 ……… 58
ニュース解説 問われる「働き方」 …… 60

法務省
役人にインタビュー
法務省の行政官 ……………… 62
● 法務省職員は、こんな人が向いている！… 67
解説 法務省の仕事 …………… 68
ニュース解説 更生って何だろう？ …… 70

※本書に掲載のグラフ、図表は出典をもとに編集・加工を行っています。なお、数字についてはそれぞれ四捨五入等しているため、合計とは合致しないものがあります。

農林水産省
役人にインタビュー
農林水産省の行政官……… 72
- 農林水産省職員は、こんな人が向いている！……… 77
- **解説** 農林水産省の仕事……… 78
- **ニュース解説** 進化する日本の農業… 80

環境省
- **解説** 環境省の仕事……… 82
- **ニュース解説** 外来生物への対策…… 84

防衛省
役人にインタビュー
防衛省の自衛官……… 86
- 自衛官は、こんな人が向いている！…… 91
- **解説** 防衛省の仕事……… 92
- **ニュース解説** 自衛はどこまで？…… 94

内閣府
- **解説** 内閣府の仕事……… 96
- **ニュース解説** 領土問題を考える…… 98

内閣官房
- **解説** 内閣官房の仕事……… 100

内閣法制局
- **解説** 内閣法制局の仕事……… 102
- **ニュース解説** 憲法は誰のもの？…… 104

人事院
- **解説** 人事院の仕事……… 106

復興庁
- **解説** 復興庁の仕事……… 108
- **ニュース解説** 「新しい東北」へ……… 110

会計検査院
- **解説** 会計検査院の仕事……… 112

その他の組織
- 警察庁……… 114
- 宮内庁……… 116
- 金融庁……… 117
- 消費者庁……… 118
- 公正取引委員会……… 119
- 消防庁……… 120
- 公安調査庁……… 121
- 国税庁……… 122
- 文化庁……… 123
- スポーツ庁……… 124
- 中央労働委員会……… 125
- 林野庁……… 126
- 水産庁……… 127
- 資源エネルギー庁……… 128
- 特許庁……… 129
- 中小企業庁……… 130
- 気象庁……… 131
- 観光庁……… 132
- 海上保安庁……… 133
- 原子力規制委員会……… 134
- 防衛装備庁……… 135

活用しよう！
情報公開制度……… 136

政治のキホン

三権分立の大原則

官公庁の仕事について学ぶ前に、政治の基本を理解しましょう。
日本の政治は三権分立という体制をとっています。

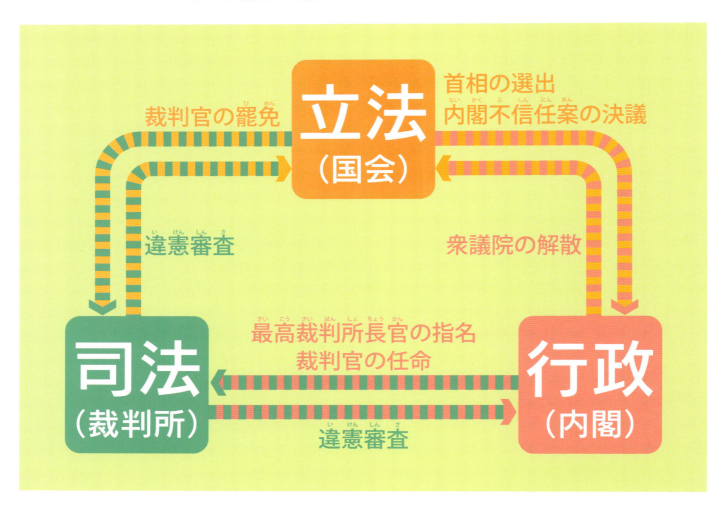

権力を分散し、たがいを監視する

　日本の政治は、三権分立という考え方にもとづいて実行されています。三権分立とは、国が持つ3つの権限である、立法（国会）、行政（内閣）、司法（裁判所）を分けて、たがいにチェックし合うしくみのことです。これは、ひとつの機関が国の権力を独占するのを防ぐためです。日本以外にも、多くの国で採用されています。
　国会は、法律をつくることのできる立法権をもち、国会だけが法律を定められます。国会には衆議院と参議院のふたつの議院があり、国民の代表である国会議員により組織されます。内閣不信任決議などで内閣を、裁判官をやめさせる権利をもつことで裁判所を監視しています。
　内閣は、定められた法律を実行できる行政権をもっています。国の仕事を進めるために、法律や予算にもとづいて行政を実行します。衆議院の解散権をもつことで国会を、最高裁判所の裁判官を指名する権利をもつことにより裁判所を監視しています。
　裁判所は、社会で起こる争いごとを法律にしたがって判断できる司法権をもっています。国会に対しても、行政に対しても違憲立法審査権をもつことによって、国会と行政を監視しています。

Q 政治家と官僚はどう違う？

A 政治家は国会議員、官僚は役人のことです。

　ニュースで政治家、官僚という言葉をよく聞きます。似たような印象を持ちますが、立場はまったく違います。

　政治家とは一般的に、衆議院および参議院の選挙で、国民の投票によって選ばれた立法に携わる国会議員のことをいいます。広い意味での政治家には、都道府県の知事や都道府県議会議員、市町村長や市町村議会議員も含まれます。

　官僚とは、中央省庁（→P10）に勤務し、行政に携わる国家公務員を指します。広い意味では、省庁が設けた地方の出先機関に勤める国家公務員も官僚です。国家公務員になるためには、採用試験に合格しなければなりません。

政治家
- 選挙で当選
- 任期がある（衆議院は4年、参議院は6年、知事は4年）
- 政治（立法）を行う

官僚
- 国家公務員試験に合格
- 任期はない
- 行政を行う
- 官僚のトップが事務次官

Q 行政って具体的には何のこと？

A 国会でつくったルールを実行することです。

　国会で定められた法律には基本的なルールが示されているだけなので、それを実行する人が必要です。例えば、「学校教育法」という法律では、学校の設置や授業内容に関するルールを定めています。しかし、実際に小中学校をつくるのは、市区町村など行政機関の役目です。また、「警察法」では、警察は個人の生命や財産を守るという任務を定めています。警察法にもとづき、行政機関である警察は、国や地域の安全を守っています。

　ほかにも、道路や橋の建設、医療や年金のルールを実行する、消費者を保護するなど、社会や暮らしのあらゆるところに行政がかかわっています。

国は、行政の仕事を行きわたらせるために、都道府県や市町村ごとに地方公共団体を設置しています。

行政には2種類ある！

　行政には、国が行うものと地方公共団体が行うものがあります。国の行政は、全国的な規模で行わなければならないことや、国家としての立場で外国に対応することなどを行います。地方公共団体は、地域に住む国民に身近な社会サービスを提供します。地方公共団体には次のようなものがあります。
- ●普通地方公共団体：都道府県、市町村
- ●特別地方公共団体：東京都の23区

行政の最高意思決定機関

内閣の仕事

行政を行う最高機関は、内閣総理大臣が長を務めています。
内閣総理大臣は国務大臣を指名し、内閣というチームをつくります。

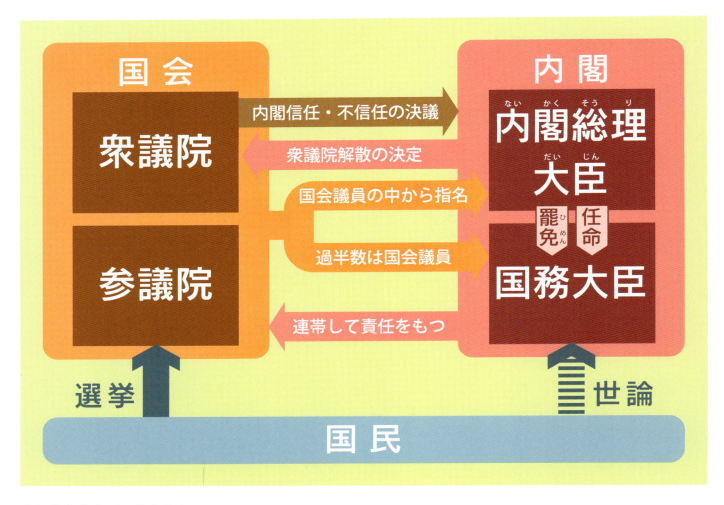

内閣総理大臣がたばねる内閣

　内閣総理大臣（首相）は国会議員の中から、国会での可決により指名されます。内閣総理大臣は、法務大臣や外務大臣などの国務大臣（閣僚）を任命し、行政を実行する内閣を組織します。国務大臣の半数以上を、国民の代表である国会議員から選ぶことが定められています。
　このように、国民が国会議員を選び、国会が内閣総理大臣を選ぶしくみを議院内閣制といいます。
　内閣は国会の可決、つまり信頼にもとづいて組織されているため、内閣は国会と一緒に責任を負う、連帯責任があります。そのため、衆議院で内閣不信任が可決されたら、衆議院を解散するか、内閣の国務大臣全員がやめなくてはなりません。また、衆議院の総選挙が行われるときも、内閣のすべての国務大臣がしりぞきます。
　内閣の仕事としては次のものがあります。
・外交関係を処理し、条約を締結する
・予算を作成して、国会に提出する
・憲法や法律の定めを実行するため、政令を制定する
・天皇の国事行為に対する助言と承認をする
　天皇は政治を行う権利をもちません。天皇の国事行為には内閣の助言と承認が必要で、内閣が責任を負います。

Q 首相、総理大臣、大統領の違いは？

A すべて国のトップを表す言葉ですが、国によって使い方が異なります。

首相とは、国務大臣たちをたばねるトップのことです。日本では、内閣総理大臣（総理大臣と略されることが多い）が国務大臣の長ですから、内閣総理大臣＝首相となっています。

アメリカや韓国は大統領が国のトップです。大統領制では、国民が大統領を直接選挙で選び、大統領が政治の責任を負っています。また、韓国、ドイツ、イタリアなどには大統領と首相の両方がいて、役割を分けています。

Q 大臣は何人いるの？

A 原則14人以内ですが、例外もあります。

内閣総理大臣以外の国務大臣の人数は、内閣法という法律により14人以内で、特別の場合は17人まで増やすことができます。しかし、2012年に設けられた復興庁（→P108）がある間は、特別法によって「15人以内、特別の場合は18人まで」とされました。

さらに、2020年東京オリンピック・パラリンピック開催に向けた担当大臣を置くために、2021年3月末までは「16人以内、特別の場合は19人まで」となりました。

また、1人でふたつ以上の大臣を務めることもできます。

国務大臣の例

内閣官房長官	文部科学大臣	環境大臣
総務大臣	厚生労働大臣	防衛大臣
法務大臣	農林水産大臣	復興大臣
外務大臣	経済産業大臣	国家公安委員会委員長

Q 大臣は何をするの？

A 各省庁のトップとして、さまざまな決定をします。

大臣は、担当する省庁が行う行政について方針を決定し、実行する指示を出します。国会議員ではない大臣でも、国会にいつでも出席し、発言することができます。

大臣の仕事としては次のものがあります。
・各省庁が作成した法案を内閣総理大臣に提出する
・担当する省庁の行政に必要な省令や通達を発令する
・国家公務員を任命する

国会議事堂の本会議場には「大臣席」が設けられています。

1府12省庁

中央省庁の組織図

中央省庁とは、内閣の下に設けられ、行政を行う中心機関のことです。
2001年に省庁再編がおこなわれ、現在の1府12省庁になりました。

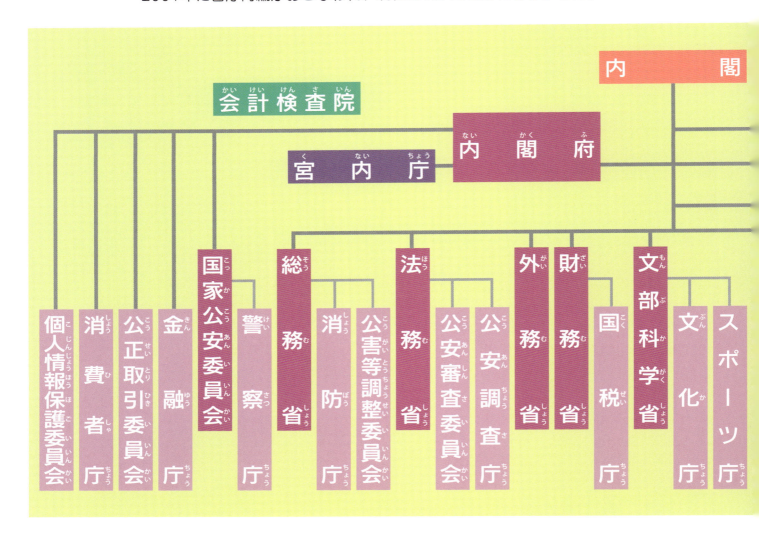

省庁再編までのあゆみ

　戦後、日本の中央省庁は1府22省庁ありました。しかし、1998年の「中央省庁改革基本法」と、1999年の「中央省庁改革関連法」にもとづいて、2001年に中央省庁は1府12省庁に再編されました。

　再編のねらいのひとつは、「縦割り行政」をやめることでした。縦割り行政とは、省庁同士で情報を共有することがなく、バラバラに仕事を行うためにむだな部分が出る行政です。再編された中央省庁は、協力して行政を行える環境になりました。一方で、各省庁の要望や意見を取りまとめる機関が必要となり、内閣府が新たに設けられました。

　その後、国際的に各国の防衛機関は「省」であることから、2007年、防衛庁が防衛省になりました。そして、2011年に発生した東日本大震災による被害をおさめていくため、2012年に復興庁がつくられました。

　2019年4月からは、外国人労働者の受け入れ拡大に向けて、入国管理局を再編・格上げし、外局として「入国在留管理庁」（仮称）をつくる計画が決まっています。

中央省庁が並ぶ東京都の霞が関ビル群。

※2018年3月時点

行政執行法人

内閣官房 / 内閣法制局 / 国家安全保障会議 / 人事院
復興庁

厚生労働省 — 中央労働委員会
農林水産省 — 林野庁 / 水産庁
経済産業省 — 資源エネルギー庁 / 特許庁 / 中小企業庁
国土交通省 — 運輸安全委員会 / 海上保安庁 / 気象庁 / 観光庁
環境省 — 原子力規制委員会
防衛省 — 防衛装備庁

外局とは？

「外局」とは、府・省のもとで、特殊な仕事や専門性の高い仕事を行う組織や機関のことです。外局には、「庁」と「委員会」の2種類があります。例えば、総務省に消防庁、財務省に国税庁などがあります。

外局のうち、数人から十数人の小さな組織を委員会としています。ほかの行政機関と比べて独自性が高く、所属している省の担当大臣からも、直接の指揮や命令を受けることのない組織です。内閣府の下には、公正取引委員会と国家公安委員会があります。

しかし、組織名に庁や委員会がついていても、外局とは限りません。宮内庁は内閣府に属していますが外局とはされていません。また、警察庁、検察庁は警察法・検察庁法で定められた独自の庁で、外局ではありません。

外局や地方の出先機関をのぞいた中央機関は「本省」と呼ばれます。そして、本省のうち、「官房」「局」という名前がつく部署を「内局（内部部局）」といいます。内局は、その府・省の基本的な仕事を補助している組織です。

国をつくる！
国家公務員の種類

中央省庁などで働いている役人のことを国家公務員といいます。
今の日本だけでなく、将来の日本を形づくる重要な仕事です。

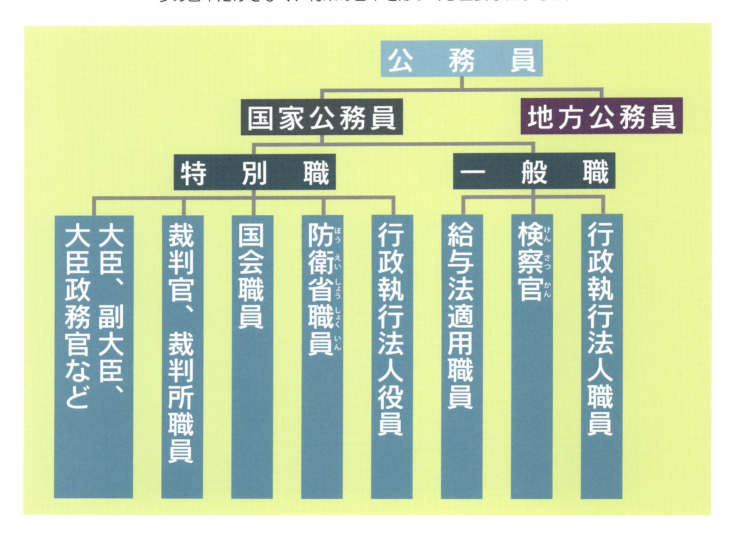

国家公務員と地方公務員

　国民全体のために働く人のことを公務員といいます。公務員には、国家公務員と地方公務員がいます。国家公務員は日本全体のために働きます。一方、地方公務員は特定の地域のために働きます。学校の先生や、市役所で働いている人は地方公務員にあたります。国家公務員は、全国に転勤する可能性があります。

　国家公務員は、特別職と一般職に分けられます。特別職とは、内閣総理大臣や国務大臣、裁判官、自衛隊員である防衛省職員など、その仕事の特性から、一般の国家公務員とは分けて考えられている特別な公務員のことです。特別職以外の職業は、すべて一般職に分類されます。

　さらに、一般職は、給与法適用職員、検察官、行政執行法人職員に分けられます。中央省庁の役人は、給与法適用職員にあたります。行政執行法人とは、お札や切手の印刷をする国立印刷局など、省庁から独立し、国の行政の一部を担っている機関のことです。

　国家公務員になるには国家公務員試験、地方公務員になるには地方公務員試験に合格することが必要です。

Q 高学歴じゃないとなれないの？
A 試験に合格すれば、誰でもなれます。

国家公務員の出身大学は確かに有名大学が多いですが、国家公務員試験の受験資格を満たしていれば、誰でも受験することができます。高校卒業程度の学力や、一度学校を卒業して会社に勤め、会社を辞めた後でも国家公務員になることはできます。

さまざまな個性や能力をもった人が、国家公務員として活躍しています。

Q 給料はいくらもらえる？
A 大学卒業後の初任給がおよそ20万円です。

国家公務員の給与は、民間企業の基本給に相当する俸給と、地域手当、住居手当、通勤手当、期末・勤勉手当（ボーナス）などの手当からなっています。

人事院ウェブサイトによると、大卒で総合職試験に合格した場合の初任給は21万8216円（俸給18万1200円、その他手当ふくむ）。大卒で一般職試験に合格した場合の給与は20万9156円（俸給17万4200円、その他手当ふくむ）。ちなみにここでいう一般職とは採用区分（→P14）のことで、特別職に対して呼ばれる一般職とは別のものです。

国家公務員の給料は、民間と比べて多すぎたり少なすぎたりしないように毎年調整されています。

Q 検察官や裁判官になるには？
A 司法試験に合格することが必要です。

検察官や裁判官、弁護士など、司法に携わる仕事には、特別な資格が必要となります。司法試験に合格し、1年間の研修（司法修習）を終えると、2回目の試験を受けます。この試験に合格すると、裁判官、検察官、弁護士のいずれかの資格を得ることができます。

検察官になるには、法務省が行う採用試験に合格することが必要です。裁判官は、試験全体を通して、成績上位の人が任命されるしくみになっています。

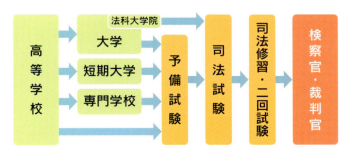

法科大学院を卒業するか、予備試験に合格することで、司法試験の受験資格を得ることができます。

国家公務員試験

採用までの流れ

国家公務員試験は難関といわれます。試験の種類がたくさんあるので自分の学歴や、やりたい仕事にあわせて試験を選ぶことが大切です。

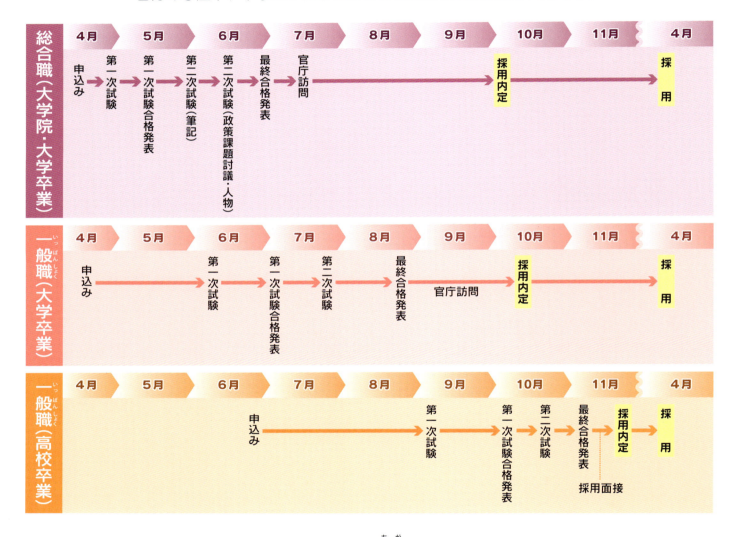

なりたい職業によって試験が違う

　国家公務員試験は総合職、一般職、専門職、経験者採用の4つの種類に分かれています。

　総合職の受験資格は21歳以上30歳未満で大学・大学院卒業または卒業見込みであることです。総合職は、国の重要な政策に関わり、将来の幹部候補として活躍することができます。一方、法律を実行するときなどの事務をするのが一般職です。一般職は総合職と比べると仕事の範囲に限りがあります。高校・大学を卒業または卒業見込みの人や、40歳未満の社会人が対象です。

　専門職は、特定の分野で活躍する仕事です。例えば、税務署で働く国税専門官、刑務所で働く刑務官、皇族の警備を行う皇宮護衛官などです。専門職は職業によって受験資格が異なり、試験の内容もより専門的になります。

　経験者採用は、一度社会に出て、民間企業などに勤めた人が受けることができます。

　基本的には、どの試験も1次、2次の筆記試験と面接があります。試験によって科目が異なるので、志望する場合は事前に対策をとる必要があります。

Q 官庁訪問って何をするの？
A 基本的には面接です。

国家公務員試験は、最終合格＝採用ではありません。試験の合否は人事院が決めますが、採用するかどうかは各省庁が決めます。官庁訪問の前には、志望動機を言えるようにしておくなど、準備をしっかり行います。

逆に言えば、筆記試験に合格した段階では、まだどこの省庁に行きたいか決まっていなくてもOKです。訪問できる省庁はひとつとは限らないので、実際に省庁へ行き、担当者から仕事内容や職場の雰囲気など、知りたい情報を聞くことができます。

官庁訪問で何を行うかは各省庁により異なります。

Q 試験勉強のための専門学校はある？
A 全国各地にあります。

国家公務員試験は、幅広い分野から出題されるため、教養試験・専門試験合わせて30科目程度の勉強が必要とされています。自分ひとりで勉強する人もいますが、先生からアドバイスをもらったり、友人と励まし合ったりしたいという人は、専門学校が有効です。専門学校は全国各地にあり、本やインターネットで調べることができます。選ぶ際の基準は、授業料や知名度、合格者の実績などです。授業の雰囲気などを知るために、実際に見学に行くことも大切です。

教室で授業を受けるだけでなく、自宅で勉強できる通信講座というコースを設けている学校もあります。

各省庁の特別な学校がある！

仕事に必要な技術や能力を身につけさせるために、専門の学校を設けている省庁もあります。基本的に入寮制で、国家公務員試験の代わりに入学試験があります。授業料は無料で、在学中から給料が支払われます。

●防衛大学校（防衛省）
自衛隊の幹部候補を養成する学校。1年生は基礎訓練、2～4年生は陸上・海上・航空ごとに体験訓練を行います。

●航空保安大学校（国土交通省）
航空機に指示を出す「航空管制官」を養成する学校。2年間にわたり教育を受けます。

●海上保安学校／海上保安大学校（海上保安庁）
海上保安学校は1～2年の教育を受けた後、海難救助や海上犯罪の取り締まりを行う「海上保安官」として働きます。海上保安大学校は4年半にわたる教育を受けた後、将来は海上保安庁の幹部として働きます。

役人にインタビュー 財務省の行政官

よりよい未来になるように、国のお金を管理しています。

財務省 主計局地方財政係 財務事務官
黒野 瑠夏 さん

黒野さんの略歴

- 2017年3月　東京大学法学部卒
- 2017年4月　財務省入省
　　　　　　主計局総務課企画係
- 2018年7月　主計局地方財政係　財務事務官
　　　　　　現在に至る

財務省

財務省は、どんな仕事をする役所ですか?

一言でいうと、国のお金の流れを管理している役所です。財務省は、国民から集める税金、暮らしを支える社会保障、海外との取り引きに関わる為替や関税など、日本の政治のあらゆる分野で、国のお金が必要なところにバランスよく配られるように制度をつくっています。

例えば、政策を行う上で必要になる費用について、各省庁の希望を細かく聞き取りし、適正な金額になるように調整します。全体の配分を確認した後、内閣から国会に予算として提出されます。

これは、正しくお金が流れるようにすることで、日本人が将来に不安をもつことがないような基盤づくりにあたります。お金という面から行政を支え、今ある日本の形を、よりよい形で将来に引き継ぐことをめざしています。

黒野さんの今の仕事は、どんな仕事ですか?

国が都道府県などの地方公共団体にわたす、地方交付税というお金があります。私たちはそのお金の金額を1年に1回、決める仕事をしています。

地方公共団体の窓口になっている総務省から「来年、地方ではこれぐらいの金額が必要になります」という要求がきます。私たちは、その金額がふさわしいかどうか、いろいろな資料や統計を見ながら、そして、国と地方の金額のバランスを考えながら、総務省と話し合いをして、決めていきます。

地方交付税の金額を決定するのは年末ですが、その話し合いに向けて、たくさんの資料や統計を準備します。年末にかけては、本当に忙しくなります。

財務省を考えるキーワード

💧 **予算とは**……
一年間にくぎった収入・支出の計画。

💧 **地方公共団体とは**……
その地域に住む住民でつくられ、その地域の行政を行う団体。

💧 **地方交付税とは**……
収入が十分でない地方公共団体に、国が地方に代わって集めた税金の一部を配分したお金。地方の格差をなくすことなどが目的とされる。

財務省の入り口。財務省の外局である国税庁(→P122)も同じ庁舎に入っています。

Q 今までの仕事で思い出深いのは？

日本には、地方公営企業という会社があります。これは、市町村などの地方公共団体が、水道、電気、ガスなどの管理をするためにつくる会社です。そのための費用の一部は、国が地方公共団体にわたしたお金からも出ています。私は、地方公共団体から地方公営企業に入るお金の総額などの担当をしています。

そのためにはいろいろ資料を調べたりするのですが、自分が見て感じたことも大切にしたいと思います。例えば、休みの日にベトナムに旅行に行ったとき、川がすごく汚くて、下水道の設備が整っていなかったことが印象に残りました。それを見たとき「きちんとした資金の流れがあるから、日本はベトナムより下水道の設備が整っているんだ」と思いました。自分の仕事が人の役に立った感じがして、身が引き締まる気持ちになりました。

黒野さんの机。その日の予定は、パソコンと手帳の両方に書きこみ、管理しています。

Q どんなところにやりがいがありますか？

私が扱っている地方交付税は、ものすごく金額が大きいお金です。そういう巨額な事案に携わっているというのは、プレッシャーもありますが、やりがいも大きいです。

財務省は、若手の職員でも、「日本の行政はこうやって動いているんだ」ということを、間近で感じることができるので、とてもやりがいがありますね。

また、若手の話でも、上司が聞いてくれる風土があると思います。「こういう観点から、政策をもう少しよくできるのではないでしょうか」と上司にした提案が、受け入れられたこともあります。

課内や局内の話し合いの場で、私が出したアイデアが影響しているのかなと感じたときはうれしかったです。

『予算書』（写真左上）や『地方財政要覧』（写真中央）は、国や地方の財政を考える上で手放せない資料。

なぜ財務省を選んだのですか？

中学生の頃から、国家公務員に興味をもっていました。高校時代、財務省に採用された先輩が来校し、財務省の話をして、パンフレットをくれました。そこで、興味がわいたのかもしれません。

財務省を選んだ決め手は、採用面接でした。財務省の人たちと話をしたとき、私の話をよく聞いてくれることと、面接なのにけっこう深い議論になったことがとても印象に残りました。人の言うことをよく聞いて、自分の意見もきちんと伝え、しっかりした議論をする風土があるのかな、と感じました。そういう環境が自分に合っていると思ったことが、財務省を選んだ理由です。

10代の頃のことを教えてください。

中学時代は、いろいろなことに興味があり、おもしろそうだと感じたら何でも首をつっ込んでいました。生徒会に入ったり、学内のディベート大会に参加したり、学外の劇団に入ったりしていました。

高校時代は、ビオラの演奏を体験したことでビオラの虜になり、弦楽部に入りました。劇団は続けていましたし、学校祭の実行委員もやっていました。学校祭の討論会のテーマが「農業」だったのですが、いきなり思い立って、長野県の山奥の農村に取材に行ったこともありました。

中学から高校までは、思ったことをすぐに行動にうつして、いつも忙しそうにしている生徒だったと思います。

財務省で働くにはどんな力が必要ですか？

財務省は、ほかの省庁と比べると、限られた分野の政策を行っているわけではありません。日本の置かれている状況をさまざまな面から見て、考えて、予算などを決めていかなければならない仕事です。

だから、人の話を聞くのが得意な人や、ある話に対して「本当にそうなのかな？」と、別の方向から考えることができる人が向いていると思います。

お金を扱う仕事ですが、数学が得意でなくても大丈夫です。私も、実は教科の中で数学がいちばん苦手でした。もちろん、数学が得意な人も大歓迎です。

仕事で、どんなことが大変だと感じますか？

国会で予算や法律案などが議論されているときは、国会議員から質問が出ることがあります。間違ったことを答えるわけにはいかないので、調べるのに時間がかかります。

また、財務省は異動が多いので、大変です。異動先の部署で、すぐにプロとして仕事をしなければならないので、異動後1か月くらいはずっと勉強しなければ追いつきません。1か月で、大学の1年分ぐらい勉強した気分になったほどです。勉強中でも、周りは私をプロとみなしているので、難しい質問がくることもあります。一生懸命調べて、回答するために、また勉強です。先輩に聞いたところでは、役職が上がるほど、異動したときに「もっと勉強しろ」と言われるみたいです。

これからも大変そうですが、新しい知識を得ることはおもしろいことだと思います。

 ## これから、どんな仕事をしてみたいですか？

今は、予算に関係する部署で仕事をしていますが、まだ2年目です。経験がまだまだ足りないので、財務省の仕事をとにかく一通りやってみたいという気持ちがあります。

国の資金を調達する「国債」に関する部署など、今の仕事とまったく異なる分野も経験したいと思っています。

また、国際機関などに出向する可能性もあります。アメリカにあるIMF（国際通貨基金）などで仕事をしてみたいですね。行けるかどうかわかりませんが、心の中で楽しみにしています。

初めて配属された、予算を担当する主計局はやはり思い入れがあるので、最終的に戻ってこられたらいいな、という気持ちもありますね。多くの部署で仕事をして、いろいろなアイデアを出せるようになって、目の前にある課題をしっかり解決できる職員になりたいです。

黒野さんのある1日の予定

- 09:00　登庁。メールチェック。
- 10:30　上司からたのまれた調べもの。
- 11:30　上司に調べものの報告をする。
- 12:30　3階の食堂でランチ。
- 14:00　部内会議。
- 17:00　総務省にメールや電話で質問。
- 17:30　集めた情報や統計を整理する。
- 21:00　退庁。

財務省

この本の読者へ、伝えたいことは?

ときには学校から外れて、自分が普段会わないような人たちと話をする機会をもってください。多くの人とたくさんコミュニケーションをとることは、将来の道を考える意味でもよい経験になると思います。

中学時代は、好きなことをするのがいいと思います。興味があることにとりあえず挑戦して、ハマったものがあったら、とことんやってみて。「何かやらなきゃ」とあせることありません、「好きなこと」をやってみてください。

本書が考える財務省のキャリアアップと今できること

1. 公民の教科書で、国の政治に関して興味のある課題を見つけよう
2. おこづかいの使い道の計画を立てて、実行しよう
3. 自分の住んでいる地域で、税金がどのように使われているのか調べてみよう
4. 物事をそのまま信じず、あらゆる方向から考えてみよう

財務省入省
- まず2年間は本省の係員として必要な知識や技術を学びます。その後、地方の国税局・財務局で財務省行政の現場を学びます。

係長・留学
- 配属された係の管理を行い、政策立案のサポートを行います。
- 海外の大学院に留学し、語学の習得や専門的な勉強をします。

課長補佐・企画官
- 行政の最前線で、政策の企画や立案の中心的役割を務めます。
- 企画官になると、より重要な案件を任されます。

課長
- 配属された課の責任者として、政策の立案に関わります。
- 対外的には、財務省の「顔」として、国会やマスコミの対応にあたります。

解説 財務省の仕事

国の活動にはお金がかかり、そのお金は、国民の税金が使われています。財務省は、国民からどのように税金を集めるかを考えたり、どの仕事にどのくらいのお金を使うのか、計画を立てたりしています。「国の金庫番」とも呼ばれています。

1 国の予算づくり

国のお金には、歳入と歳出があります。歳入は国民の税金や国の事業などから得る収入のことで、歳出はお金の使い道のことです。歳入と歳出は4月から翌年の3月までの「年度」ごとに、おおまかに決められています。これが予算です。

各省庁は、予算の希望案を財務省に提出します（概算要求）。財務省はその金額が妥当なのかを判断するために、各省庁に聞き取りをして厳しくチェックします。全体の調整をして大まかな方針などを決めたあと、内閣に提出する案を作成します。

予算を国会に発案する権利は、内閣がもっています。内閣は財務省の作成した案をもとに閣議決定し、政府案を国会に提出します。衆議院と参議院の両院で過半数が賛成すれば、晴れて予算が成立します。

衆議院と参議院の議員は選挙で選ばれ、「国民の代表」とされています。国会が承認したということは、国民が承認したということになります。

2018年度の予算が成立したときの様子。

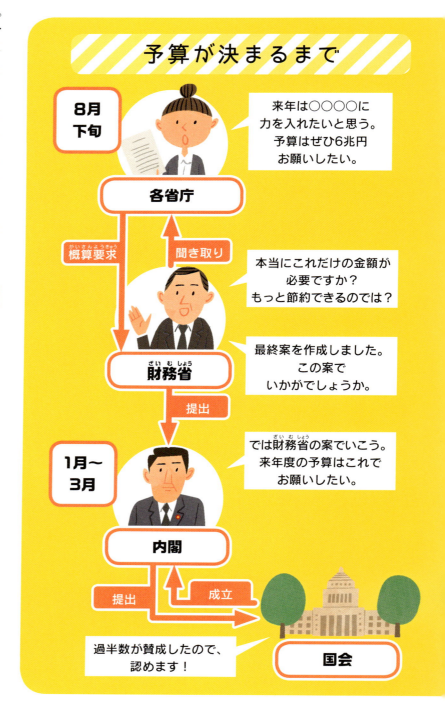

2 予算の使い道

日本の予算の使い道でもっとも多いのは、医療や介護、年金につかわれる「社会保障」です。社会保障は、少子高齢化の影響で、今後も大幅に増えることが予想されています。

2番目に多いのが国が発行した国債の元本（実際に発行した額）や利子（発行の対価として払うお金）の支払いなどにかかる費用です。これを「国債費」といい、国債費は全体の約4分の1を占めています。

3番目に多いのは、都道府県と市区町村に配るお金で「地方交付税交付金等」といいます。

4番目は道路や橋、港、ダム、河川の整備などの「公共事業」、5番目は教科書など学校生活に関するものや、人工衛星、スーパーコンピュータの開発などにつかわれる「文教及び科学振興」です。

私たちの生活を便利で豊かなものにするために、たくさんの税金が使われているのです。

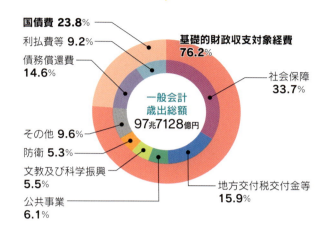

2018年度の一般会計歳出

社会保障のほか、防衛の関係費も拡大。一般会計歳出総額は、2012年から連続で過去最大を更新しています。

3 国債の発行と管理

歳入は、国民から集める税金や国の事業による収入でまかなわれますが、足りない分は「国債」を発行することでおぎなっています。国債は、銀行や証券会社などが買い取ることで国の財源となります。つまり、国が将来必要になるお金を銀行や証券会社から借りているのです。国債があまりにも増えすぎると、利子が返せなくなり、財政が破綻してしまいます。

日本では1970年代以降、特例法によって毎年国債が発行されています。現在、国と地方公共団体の借金は約1000兆円以上にのぼっています。国債がいくらあり、いつまでにどのくらいの金額を返していくのかを計画・管理するのも財務省の仕事です。

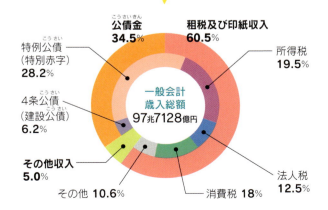

2018年度の一般会計歳入

国債と地方自治体の地方債を合わせたものを「公債金」といいます。日本は歳入の約3割が公債金です。

国債は個人で買える？

失敗が少ない投資（お金を増やす方法）として、「個人向け国債」が人気。2011年度には東日本大震災の復興につかわれる「個人向け復興国債」が発行されました。写真は購入者に贈られた財務大臣からの感謝状。

消費税のゆくえ

2014年4月、消費税率が5％から8％へと引き上げられました。そして2019年10月、2度の延期を経て、いよいよ消費税率が10％になろうとしています。なぜ政府は、そこまで消費税の増税にこだわるのでしょうか？

どうして増税するの

財政の危機を防ぐため、財務省は、一貫して消費税増税を主張してきました。当初は2015年10月に消費税率10％への引き上げが予定されていましたが、前年に8％へ増税した際に景気が悪化したことなどによる影響で、2度にわたり延期されました。

なぜ、増税が必要なのでしょうか。少子高齢化の影響により、社会保障費をはじめとする歳出は拡大しています。そして、財源確保のため、日本の借金はふくれあがっています（→P23）。この状況で、働く人が納める所得税や会社が納める法人税の引き上げを行えば、いっそう若い世代に負担が集中することになります。消費税は、高齢者をふくめて国民全体で広く負担している税金なので、歳出の財源にふさわしいと考えられているのです。

また、ここ10年くらいのデータによると、所得税や法人税の税収は不景気のときに減少していますが、消費税は景気に左右されにくく、安定して確保できる税収といえます。

増税は、国民の暮らしに大きな影響を与えます。

2017年10月の衆議院選挙でも増税が争点になりました。

消費税の課税のしくみ

消費税は、商品を購入したり、サービスを利用したりするとかかる税です。しかし、実際に消費税を納める義務があるのはわたしたち消費者ではなく、商品やサービスを提供している製造業者、卸売業者、小売業者などです。

このように、納税義務者と最終的に税金を負担する人が異なる税のことを「間接税」といいます。

消費税は庶民の敵？

収入などに応じて課税される所得税は「累進課税」という方法が採用されていて、裕福であるほど多くの税金を納めなくてはいけません。これに対し、消費税は誰にでも一律の税率が課せられます。増税することで収入に対する消費税額の占める割合が高くなるので、低所得者であるほど増税の負担が重くのしかかるのです。

これを受け、消費税率10％への引き上げと同時に、食料品や新聞など一部の商品を消費税率8％のままとする「軽減税率制度」が実施されます。

ここがポイント！

図表　所得階層別の消費税負担額と収入に占める割合（調査世帯全体）

出典：2017年日本生活協同組合連合会「消費税しらべ」

税金のしくみを考えるのも財務省

日本の憲法では、国民全員に税金を納める義務があるとされています。税金には右図のような種類があり、財務省では、税金をいくらにして、どのように国民から集めるのかを考える仕事をしています。

政府や政策が変わると税制が変わることがありますが、財務省はつねに適正な課税になるように制度を整備しています。新しい税制を導入するときには、財務省が作成した案をもとに、国会で話し合いが行われています。

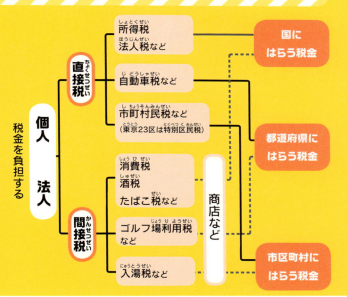

まだまだある！財務省の仕事

●国の財産の管理
造幣局を通じて貨幣を発行したり、未利用の国有地を福祉事業や防災拠点などに有効活用したりします。

●開発途上国に対する援助
世界から貧困をなくすため、開発途上国の経済発展に必要な資金と技術を提供します。

●外国為替相場の安定・資金の管理運用
国際情勢の情報を集めたり、外国と協力したりして、お金が安定して流れるようにつとめています。

●関税（輸入する商品への税金）の徴収
空港や港に税関を置き、輸入品の関税を徴収するほか、拳銃などの持ち込みを取りしまっています。

解説 経済産業省の仕事

経済産業省は、日本の経済と産業を活性化させるための政策を行っています。産業の中でも製造業とサービス業などを担当し、民間企業の研究開発を後押ししたり、公平に活動が行えるような制度を整えたりしています。

1 民間企業を応援

日本の経済を発展させるため、経済産業省は不正な企業間の競争を防いだり、日本の企業がより活躍できるように支援したりしています。

例えば、消費者をだますような商品や、ヒット商品に似せた商品などを取りしまったり、企業がもつ秘密の技術が勝手に外国に渡ることなどを防いだりしています。不当に企業の利益をうばうことを禁止し、公正な経済活動ができるようにしています。

また、経済産業省は時代に合わせて、国内の産業のしくみを改善しています。そして、国内の企業がより多く生産できるように、組織や仕事内容を改めようとしたり、設備をさらに充実させるためにお金の支援をしたりします。

経済の発展には、国と民間企業、大学などの研究機関が一体となって取り組むことが重要だと言われています。例えば、経済産業省は大学と企業が協力して商品の開発に取り組めるように、橋わたしを行います。こうした動きを産学官（企業・大学・官公庁）連携、または官民（官公庁・民間）連携といいます。

官民連携で開発を進める「空飛ぶクルマ」。

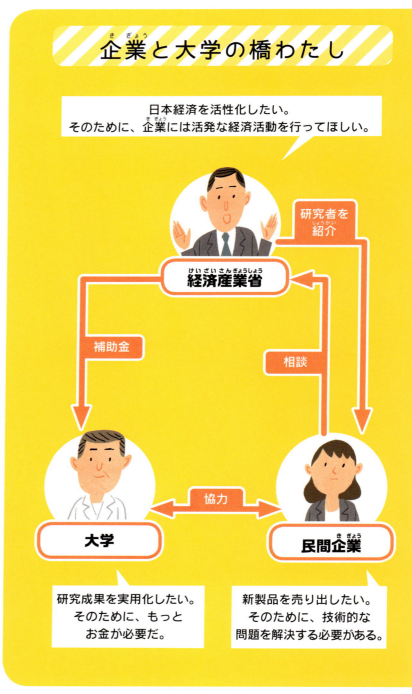

2 貿易のルールづくり

　貿易とは、異なる国と国との間で、品物を取り引きすることです。例えば、日本は外国に自動車やコンピュータなどを売っています。そして、日本は外国から食料品や原油などを買っています。品物やサービスを外国に売ることを輸出、外国から買うことを輸入といいます。

　しかし、貿易にルールがなくては、国と国の争いが起こってしまうかもしれません。経済産業省は多くの外国と貿易のルールづくりを行い、スムーズに貿易を行えるようにしたり、麻薬や拳銃など、安全でないものが輸入されないように制限をつくったりしています。

　現在、世界の国々が鉄道や電力、水道、通信網など、社会生活に必要な基盤設備であるインフラを求めています。高度なインフラ技術をもつ日本は、インフラの輸出に力を入れています。

外為法で輸出を管理

外為法は、特定の国や地域に、許可なく輸出することを禁じています。国際社会の平和と安全を守るためです。

3 第2次、第3次産業の発展

　産業には、農林水産業を表す第1次産業、製造業や建築業、鉱業を表す第2次産業、商業やサービス業、運輸業や通信業を表す第3次産業があります。経済産業省は、第2次産業と第3次産業を担当し、ふたつの産業が発展するように、さまざまな取り組みをしています。

　第2次産業へは、ロボットなどの新しい技術を取り入れるために、必要なお金を企業に支援するなどしています。そして今、第3次産業に活気があり、さらなる発展が期待されています。例えば、日本の医療は高度ですが、医療の機械を輸出するだけでなく、医療スタッフを教育するサービスの輸出なども考えられています。産業の可能性を広げることも経済産業省の仕事です。

製造業の経常利益推移

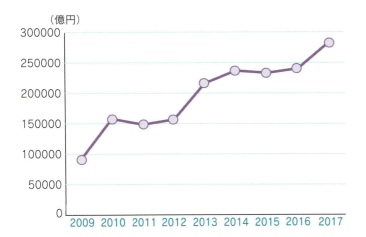

経常利益は、会社が通常行っている業務の中で得た利益のことです。製造業の経常利益は、東日本大震災などの影響で低くなった年もありましたが、改善しています。

非製造業の経常利益推移

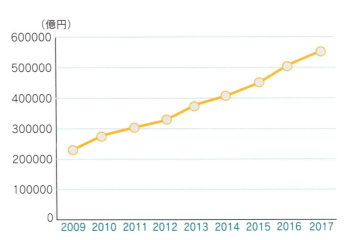

非製造業（建設業、不動産業、情報通信業、サービス業など）の経常利益は、ゆるやかに上昇を続けています。

出典：ともに財務省『年次別法人企業統計調査概要』

ニュース解説 ものづくりの未来

日本は「ものづくり大国」と呼ばれ、製造業が盛んでした。しかし、インターネットの普及や人工知能の進化などで、ものづくりの環境が変化しています。経済産業省は変化に合わせながら、ものづくりを発展させる計画を進めています。

安川電機の産業用ロボット。

自動運転バス試乗の様子。

変化の時代、生き残るには

日本の技術力は世界トップレベルといわれてきましたが、長らく日本の製造業は世界から遅れを取るようになっています。特に、薄型テレビやスマートフォンなどの電化製品は、アメリカや中国、韓国などの製品が主流となっています。しかも、近年は人工知能「AI」の進化や3Dプリンタの普及により、ものづくりの環境が世界的に変わっています。また、世の中全体がインターネットでつながるしくみ「IoT」が急速に進んでいます。IoTにより生活が便利になることで、今後さらに消費者から求められるものも多様化すると考えられています。

これからの時代に製造業が生き残っていくためには、高品質・高性能は当たり前で、ひとりひとりの興味に合った商品や、感動を人に与えるようなサービスをプラスした「モノ＋コト」が重要とされています。

そうした世界的な動きの中で日本は、IoTやAIなどの技術をうまく活用し、「モノ＋コト」のものづくりを進めています。

「モノ＋コト」って？

モノとは製品のことで、コトとは目に見えない経験や感動をふくめた付加価値のことです。大手百貨店やデパートも「モノ＋コト」を意識した新規店を続々と開店しています。例えば、館内に撮影スポットを設置したり、ものづくり体験ができる店舗を増やしたりするなど、モノを買うこと自体がワクワクするような工夫を凝らしています。

モノ	コト
個別の製品やサービスがもつ機能的な価値	喜びや感動を体験すること
・最新技術を使ったゲーム	・SNSの対戦ゲーム（共感）
・挽き立てのコーヒー豆を使ったコーヒー	・お洒落な店舗でゆっくりコーヒーを楽しむ（空間）
・機能性にすぐれた有名ブランドの指輪	・カップルが自分たちで結婚指輪をつくる（思い出）

経済産業省

ここがポイント！

図解 IoTであらゆるデータがつながる社会のイメージ図

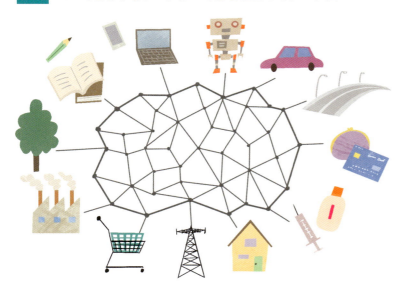

"つながる"社会へ

　IoTによってあらゆるデータをつなぐと、みんながデータを活用でき、ものづくりやサービスを進化させることができます。例えば、製造業の本社と工場の間で、売り上げや生産にかかる時間、消費者の好みなどのデータを簡単に受けわたしすることができれば、生産力が向上したり、より細かく消費者のニーズを分析することが可能になると考えられています。
　もともと日本がもっている技術力をIoTやAIなどとうまく組み合わせることができれば、日本のものづくりの強みになると期待されています。

経済産業省が中堅・中小企業を支援

　中堅・中小企業は、大手企業に比べて資金力がとぼしく、新たな技術を取り入れることがむずかしいとされています。
　そこで経済産業省は「スマートものづくり応援隊」という事業を行っています。これは、高い技術力を持った人や、IoTやロボットの知識を持った人たちが指導者を育て、中堅・中小企業に派遣する取り組みです。中堅・中小企業は、最新技術の知識がある人の力を借り、新しい製品やサービスをつくることができます。

横浜市内の企業で現場研修を行うIoTの指導者。　提供：日刊工業新聞社

まだまだある！経済産業省の仕事

●日本の魅力を世界に発信
　日本の生産品や食べものを海外に売りこんだり、海外のテレビ局で日本の番組を流すなどしています。

●地方経済と産業発展のための支援
　北海道から沖縄まで8か所の経済産業局を設け、そこを拠点に地域経済や産業の発展を支えています。

●産業公害を防ぐ取り組み
　工場から出る汚れた水、くさいにおい、ガスなど、産業活動によって発生する公害を予防しています。

●製品の規格や種類を統一
　製品の品質を保ち、すべての人が同じ製品を使えるように、大きさや形などの規格を統一しています。

総務省の仕事

国の政策がスムーズに行われるように、行政を支えているのが総務省の仕事です。また、社会で情報通信が発展するための取り組みも行っています。国民が便利で快適な社会生活を送るための基盤となっている仕事です。

1 行政のしくみづくりと管理

　総務省は、情報公開制度を管理しています。情報公開制度とは、府省や都道府県の役所などの行政機関が使ったり、保管したりしている文書やデータを、国民が「見せてほしい」と求めることができる制度です。国民は、これらの文書やデータを見て、行政が問題なく行われているかを確認できます。総務省はこの制度の手続きに関する案内や情報提供を行っています。

　さらに総務省は、行政に関して国民からの意見や要望、苦情を受ける相談窓口を設けています。受けつけた相談に対して、行政相談委員は国の行政機関や地方公共団体などに、相談が解決されるように働きかけをします。行政相談委員とは、総務大臣から行政相談の仕事を任された民間の人で、全国に約5000人います。行政相談員は、受けつけた相談に対して、行政機関などから回答がきたら、相談者にどう行政が改められるかを伝えます。総務省は、行政がよりよくなるしくみをつくり、取り組んでいます。

全国にある行政相談窓口。
出典：総務省ホームページ（http://www.soumu.go.jp/main_sosiki/hyouka/soudan_n/soudan_uketuke.html）

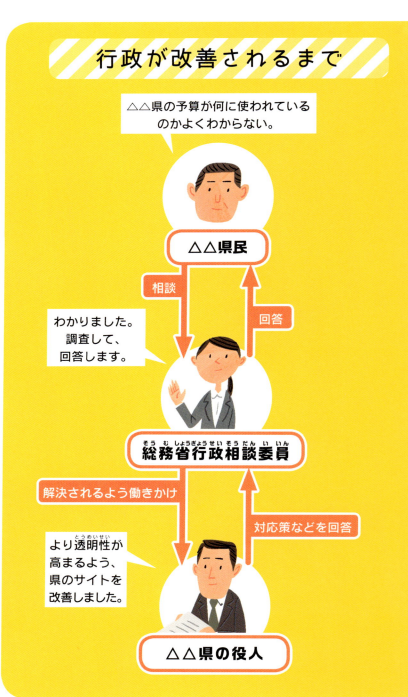

行政が改善されるまで

2 情報通信で暮らしを便利に

放送サービスの充実

4K・8Kといったスーパーハイビジョンの開発を推し進めているのも総務省です。より美しい画質が楽しめるように、放送サービスの充実をはかっています。

総務省は、インターネット、地上波デジタル、放送サービスなどの水準を高める役割を担っています。国内の情報通信に関して、計画し、制度をつくり、発展させていく仕事を行っています。

現在は、多くの人がスマートフォンなどをもち、インターネットを使ってコミュニケーションを行い、さまざまな情報を得ています。そのため、通信インフラの安全や信頼性を確保することが必要です。通信インフラとは、離れた場所でデータや音声のやりとりをするために設置された通信回線などのことです。総務省は「電気通信事業法」などをつくり、電気通信を行う会社同士が公正に競争できるようにしたり、電気通信による事故を防ぐための環境を整備したりしています。

また、大規模な災害が発生した場合でも、通信インフラを活用できるようにするために、電気通信会社や大学などと協力して、研究を進めています。

3 地方自治を活性化

総務省は、地方公共団体を通して、地方自治を支援します。地方自治とは、その地域に住む人たちが、地方議会によって地域の政策を決め、実行することです。地方公共団体には、都道府県の都庁や府庁、県庁、市町村の役所などがあります。

例えば、地方に学校をつくったり、道路や河川を建設したりするときに、助けとなるお金を補助しています。

地方の水道事業や病院事業などの制度をつくり、アドバイスも行っています。

地方自治は、その地域の人々から集められた税金で行われますが、税金が多い地方と少ない地方があります。総務省は、住んでいる地域によって不公平がないように、国の税金の一部を地方交付税（→P17）として配分するなど、地方の税金のしくみを考える仕事をします。

地方税とは

- 道府県税 18兆222億円（18.2%）
- 地方税 39兆986億円（39.5%）
- 市町村税 21兆763億円（21.3%）
- 租税総額 99兆680億円（100.0%）
- 国税 59兆9694億円（60.5%）

国に納める税金を「国税」、地方公共団体に納める税金を「地方税」といいます。地方税には道府県税と市町村税があります。2017年に集めた税金のうち、地方税の割合は39.5%でした。

道府県税収入額の推移

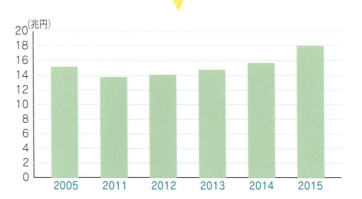

道府県税の収入額は2011年度に減少しましたが翌年度から増え、増加は4年連続となっています。

出典：ともに総務省『平成29年版地方財政白書』

ニュース解説 投票率向上に向けて

総務省は、選挙に不正がないように管理したり、政治に関心をもってもらったりする活動をしています。しかし、全体的に投票率は下がっており、なかでも30代以下の若者に、政治に対して無関心な人が多いことが課題となっています。

70年ぶりの制度改正により、2016年6月に選挙権が18歳に引き下げられました。

投票率アップのカギは若者

選挙が行われると、若者の投票率よりも、高齢層の投票率が高いことが話題になります。若者の票を増やすため、2016年6月の選挙から、それまで満20歳以上とされていた選挙権が、満18歳以上に引き下げられました。しかし、投票率を上げる効果はまだ出ていません。

では、なぜ選挙で投票することが大事なのでしょうか。それは、投票は国民が政治に参加する方法だからです。政治は、人々から集めた税金をどのように使うかを決めたり、法律を決めるなど、重要なことを話し合い、決定します。そのため、自分に近い考えをもった議会や議員に投票し、政治に参加することが重要です。

2017年10月に行われた衆議院議員総選挙では、全体の投票率が53.68％でした。しかし、10代の投票率は40.49％、20代が33.85％、30代が44.75％と、全体を下回っています。これでは若者の声が政治に届きづらくなります。総務省は若者の投票率を上げるための取り組みを行っています。

長野県の短大では構内に期日前投票所を設置（2018年7月）。

年代別投票率の推移

2017年10月の投票率を見ると、上から、60代、50代、70代の順で高くなっています。一方で、投票率が低い年代は下から、20代、10代、30代の順です。特に20代の投票率は、1983年頃からそれ以外の世代と比べて、投票率の差が開きはじめました。

出典：総務省『衆議院議員総選挙における年代別投票率の推移』

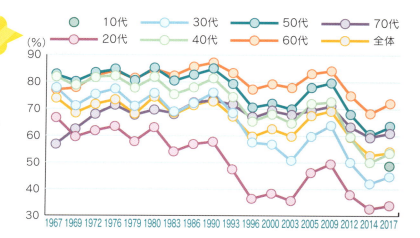

総務省

インターネット投票は実現する？

若者の投票率を向上させるための施策として「インターネット投票の導入」という意見が多く挙がっています。しかし、不正に投票する人が出る可能性などから、インターネット投票の実現は難しいといわれてきました。

しかし、総務省はインターネット投票の実現に向けて動き出しました。まずは投票しにくい状況にある海外に住む日本人を対象に、システムを整備していくことを検討しています。

ここがポイント！

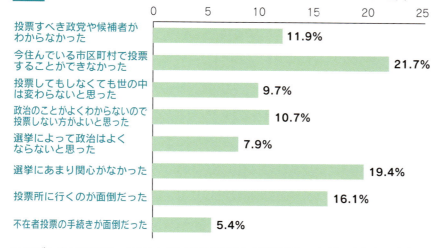

図表　18～20歳が2016年7月の参議院選挙で投票に行かなかった理由

- 投票すべき政党や候補者がわからなかった　11.9%
- 今住んでいる市区町村で投票することができなかった　21.7%
- 投票してもしなくても世の中は変わらないと思った　9.7%
- 政治のことがよくわからないので投票しない方がよいと思った　10.7%
- 選挙によって政治はよくならないと思った　7.9%
- 選挙にあまり関心がなかった　19.4%
- 投票所に行くのが面倒だった　16.1%
- 不在者投票の手続きが面倒だった　5.4%

いちばん多い理由は、「今住んでいる市区町村で投票することができなかった」。インターネット投票が実現すれば、引っ越しなどで遠方にいる場合でも投票が可能になります。

出典：総務省『18歳選挙権に関する意識調査報告書』2016年

いろいろな統計を出すのも総務省の仕事

総務省は、社会の動きなどを知るために、日本についてのデータをたくさん集め、まとめて、統計を出す仕事もしています。例えば、国勢調査は、日本に住んでいる人すべてに対して、5年ごとに行う調査です。日本の人口や国の状況を明らかにするのに役立っています。

そして、総務省がまとめた統計の情報を、国民が誰でも利用できるように「e-Stat」という窓口サイトを、小中学生向けには「キッズすたっと」を提供しています。

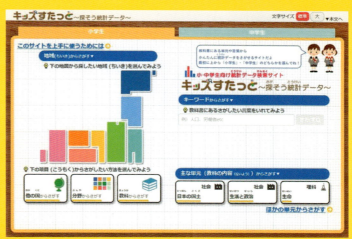

出典：キッズすたっと（https://dashboard.e-stat.go.jp/kids/）

まだまだある！ 総務省の仕事

- **電波の利用環境の整備**
消防や警察の無線通信や、スマホ、交通など、あらゆる分野で、電波の利用を行う環境を整備します。

- **スマートフォン競争環境の整備**
スマホの通信料を安くし、みんなが自由に携帯電話会社を選べるよう、会社同士が競う環境をつくります。

- **海外に情報通信技術（ICT）を広める**
ICTを海外に展開していて、日本式の地上デジタル放送を取り入れた国とより強い協力関係を築きます。

- **郵政民営化のための指導・管理**
かつて国が行っていた郵便事業が適切に運営されるよう、日本郵政グループの指導を行います。

役人にインタビュー

外務省の行政官

日本のよさを発信したい。
その想いをもちながら
外国と誠実に向き合います。

外務省 経済局政策課 課長補佐
村本 千晶 さん

村本さんの略歴

2006年3月	一橋大学法学部国際関係コース卒業	2015年	アジア大洋州局中国・モンゴル第一課
2006年4月	外務省 入省	2017年	経済局政策課　課長補佐
2011年	在上海総領事館		現在に至る
2013年	国際情報統括官組織第三国際情報官室		

外務省

 外務省は、どんな仕事をする役所ですか？

外務省は、日本と外国との間で行われる国際会議やさまざまなルールづくりについて、日本の代表として働きます。仕事の内容は幅広く、国の安全を守るための条約を外国と結んだり、日本の文化を外国に伝えたり、貿易のルールを決めたりすることもその一部です。

G7サミットでは首脳の共同宣言などが出されますが、その内容も外務省が中心となって事前に調整します。また「日本はこういう考え方です」というメッセージを内閣総理大臣に発信してもらうために、各省庁の考え方を取りまとめることもしています。

また、外務省の主な仕事のひとつに「国際法の解釈」があります。外国とのさまざまなやり取りにおいて、国際法に照らし合わせて何か問題がないかチェックします。日本の国益を守る、ゴールキーパーみたいな役割も担っていると思います。

 村本さんの今の仕事は、どんな仕事ですか？

外務省には、海外で働く外交官と、本省で働く省員がいます。私は外務省に入ってしばらくは中国・上海で働いていましたが、今は本省の経済局政策課というところで仕事をしています。

経済局政策課は、日本と世界の経済が発展するために、さまざまな課題に取り組んでいます。日本の企業が外国で仕事をしたい、といったときに、そのお手伝いをすることも行っています。それぞれの国で文化や法律の違いをどう乗りこえて仕事をしていったらよいかなど、外務省としてできるサポートを考えながら、実行しています。

例えば、日本の企業が、弁護士から現地の法令や法制度などを教えてもらえる環境をつくったりしています。

外務省を考えるキーワード

- **G7サミットとは……**
  主要国首脳会議。主要国は、仏、米、英、独、日、伊、加の7カ国と欧州連合（EU）。

- **共同宣言とは……**
  国と国との取り決めのひとつの形で、条約よりも軽い形式。

- **マルチ外交とは……**
  二国間の外交（バイラテラル）ではなく、多国間との外交のこと。

20の国や地域が集まり、世界の経済について話し合われるG20。写真はアルゼンチンの会場。

Q 今までの仕事で思い出深いのは?

2018年、日本と中国の防衛当局の間で、「海空連絡メカニズム」に関する覚書を交わしました。これは、たがいに理解を深め、自衛隊と中国軍の間で予測できない衝突が起こったときに深刻化するのを避けるための覚書です。例えば両国の関係者がすぐ電話できるような環境をつくるなどのことを決めています。2007年頃から話し合いはしていましたが、なかなか作成できませんでした。私は2016年から、止まっていた交渉をまた動かすために、防衛省と一緒にいろいろな案を出し、話し合いの場をつくり、日本と中国でよく話し合いました。2018年6月に海空連絡メカニズムができたときは担当をはなれていましたが、ニュースで見て「努力がむくわれたんだ」と感動しました。

開発途上国に資金を援助する仕事の調査のため、中国の現地政府関係者と会う村本さん(左から3番目)。さまざまな国の人と交流できるのが、外務省の仕事の魅力。

外務省には、外国の政治家なども訪れる。会議室で会議の説明などを行う村本さん。

Q どんなところにやりがいがありますか?

国際政治の近いところにいる、という実感がやりがいになっています。学生時代まで、ニュースで見ていた外国とのやり取りが、今自分の生活にダイレクトにかかわってきています。また、内閣総理大臣や各省の大臣が、日本のメッセージを海外に伝えますが、そういう場面をすぐ横で見ることができます。世界の政治はこうやって動いているんだなと、感じられる瞬間ですね。

アジア大洋州局中国・モンゴル第一課で働いていたときは、中国の高校生を招いて日本を見てもらう、という仕事もしました。高校生がものすごく喜んでくれて嬉しかったですね。国際交流の場を通して、人びとが心から喜んでくれる姿を見ることができるのも、やりがいのひとつです。

外務省

省庁の中で、なぜ外務省を選んだのですか？

大学時代、香港に留学していたとき、中国人の友だちが「日本人は好きじゃないけど、千晶のことは信用できる」って言ったんです。私は「日本人のことをよく知らないのに、なぜそんなことを言うんだろう」と思いました。そして、自分が思っていたよりも、日本のイメージがよくない場合があることに気づきました。そして「それって、すごくもったいない！」、「日本のよさをうまく発信できていないんじゃないか」と感じたのです。そこで、外務省の仕事をめざし、帰国してから試験の勉強を始めました。

日本のよさは、ただ魅力をアピールするだけじゃなくて、国として、相手国に誠意ある行動を示すことでも発信できると思っています。

10代の頃のことを教えてください。

中学・高校時代はテニスに明け暮れていました。テニスでつちかった根性や、仲間を信じる気持ちなどは、今の仕事にも活きていると思います。また、競争としてテニスのゲームを楽しむことで、学校や受験のテストもゲームとしてとらえ、がんばることができたと思います。

中学の研修旅行で1週間ニュージーランドに行ったのが、初めての海外旅行でした。そこで、違う言語を使って、自分の思いや考えを伝えることへの興味が生まれました。中学生のとき、先生に「翻訳家か通訳者になりたい」と言ったら、「村本さんはおしゃべりだから、英語を使って自分の考えを伝える仕事の方がいいよ」って言われたのが印象に残っていますね。

外務省で働くにはどんな力が必要ですか？

外務省の仕事は、日本と相手国の両方に利益をもたらしながら、良好な関係をつくることが重要です。相手の立場に立って、この問題が相手からはどう見えるのかを考えながら仕事をします。ですから、「こういう人たちは、こういう状況に置かれたら、こう思うかもしれない」と思える、想像力をもってほしいですね。そのためには、いろいろなことに興味をもって、いろいろな人たちと話す機会をもつことだと思います。

英語が得意であることにこしたことはありませんが、英語が得意でなくても入省することは可能です。語学力は、外務省に入ってからでも留学などで身につけることができますよ。

仕事で、どんなことが大変だと感じますか？

　私たちの仕事は、2年から3年ごとに部署が変わっていきます。でも、2、3年をかけて一人前になるのでは遅くて、部署が変わったらすぐ、その業務のプロとして仕事をしなければなりません。部署が変わったら初期の段階で、その部署の仕事に関係する制度や条約を覚えたり、ものすごく勉強して、プロとして通用する知識をつけたりしなければいけないというのが大変なところだと思います。時間はいくらあっても足りません。でも、今まで知らなかったことを知ることができる、ととらえているので、大変な仕事もおもしろいと感じてやっていますね。

　知識を身につけたらそれで終わりではなく、その知識で自分はどのように仕事をしていくのか、が問われます。それを考えるのが、実は大変なのかもしれません。

 ## これから、どんな仕事をしてみたいですか？

　外務省は本当に仕事の幅が広いので、まだやったことがない仕事をしたいと思っています。

　例えば、国連などの国際機関の仕事、マルチ外交と呼んだりしますが、そういう仕事もしてみたいですね。今までは、二国間の外交についての仕事をしていました。今後は、世界平和のためにとか、世界が持続可能な成長をしていくためにとか、より広い視点の目的をもって進む仕事にもかかわってみたいです。その中で、同じ目的をもちながら、生まれ育った国や環境が違う人たちが、どういう話し合いをしながら、国際的な事案の調整をしていくのか、とても興味があります。

　外務省は、いろいろな仕事を次々に体験できるので、つねに新鮮な気持ちでいられる職場だと思います。

村本さんのある1日の予定

09:00	登庁　メール・ニュース・電報チェック
10:30	担当案件の企画書づくり
12:30	昼休み
13:30	他省庁との会議
15:00	課内で決裁書処理（合間に課員からの相談を受ける）
16:30	省内での会議
17:30	業務整理
21:00	退庁

外務省

Q この本の読者へ、伝えたいことは？

新しいことに挑戦できそうだなと思ったら、おくせずに手を挙げてみてください。自分が思ってもいないことを経験する機会になりますし、自分がつきたいと思う仕事のきっかけになるかもしれませんよ。せっかく興味をもったのに「自分には無理だ」って、開きかけたドアを閉めないで。やってみて間違ったと思ったら、また閉めればいいだけなんだから。興味をもったことに、何でもチャレンジしてほしいです。

外務省職員は、こんな人が向いている！

1. いろいろなことに興味がもてる人
2. 変化を楽しめる人
3. 相手の立場でものごとを考える、想像力のある人
4. 外国の人と話がしたい人

外務省というと、英語が得意でなければ入れないように感じますが、語学力は入省後に研修などで身につけることも可能です。

成績を上げることよりも、外国の文化や外国人の考え方などに興味をもって学ぶ姿勢があるとよいでしょう。

中学校
- 基礎的な英語の学力は必要。わからないところは早めに解決しよう。
- 考え方の違う友だちとも話をして、歩みよれる部分があるか考えよう。

高校
- 行きたい学校を調べて、志望校に入れるように勉強しよう。
- ニュースや新聞で、日本だけでなく海外で起きていることを確認しよう。

大学（大学院）
- 海外旅行や留学、ホームステイなど、外国の人とふれあう機会をつくろう。
- 国家公務員試験は狭き門。早めに準備することがカギ。

外務省入省
- 本省で研修→在外研修→在外公館勤務 総合職、外務省専門職員および一部の一般職は海外で研修があります。その後はそのまま在外公館（大使館・総領事館など）か、本省に戻って働きます。

解説 外務省の仕事

国や国民の利益のために、外国との間で交渉をしたり、文化交流を行ったりすることを外交といいます。外務省は、外交により外国と友好な関係性を保ち、海外において日本の国民の安全を守ります。また、世界の平和のために活動します。

1 現地の情報を集める

外務省には、大きく分けて2つの組織があります。外交活動の全体的な取りまとめと外交計画を立てる**外務本省**、海外に置かれている大使館、総領事館などの**在外公館**です。そして、外務本省はアジア大洋州、北米など5つの地域局、経済、国際協力などの機能局に分かれています。

外交の計画を立てるには、現地でしか手に入らない情報を得ることが必要です。外務省は、各地に在外公館を置き、各地の情報収集と分析を行います。本省は在外公館に指示を出し、各国の政治や経済、治安、災害発生などの情報を調べさせ、その情報を政策に反映させています。

例えば、世界的に深刻化しているテロ問題の対応として、各地の治安情報を集めて分析し、対策を立てます。2016年に伊勢志摩で開催された**G7サミット**では、「テロ及び暴力的過激主義に対するG7行動計画」を取りまとめました。国際社会のあらゆる課題について各国と話し合い、解決に導く取り組みを行っています。

G7伊勢志摩サミットの様子。実際に議論するのは首相で、外務省は会議に必要な文書などを作成します。

5つの地域局

アジア大洋州	アジア大洋州は世界で最も成長がめざましい地域で、外交の機会も多い。地域の平和と繁栄に向けて、外交努力を重ねている。
北米	アメリカとカナダとの外交を担っている。特に同盟国であるアメリカとの関係は重要。
中南米	中南米は日系人が多いエリア。歴史的に友好な関係を築いている。
欧州	EU（欧州連合）やイギリス・フランス・ドイツなどの主要国・機関をはじめ、ロシア・中央アジアやヨーロッパ南東部のコーカサス地域も担当。
中東アフリカ	中東・アフリカは、豊かな天然資源がある地域で、この地域の安定は世界的に重要。日本は、保健や教育などの支援を行う（→P42）。

2 外国との文化交流

外務省は、日本の文化を外国に紹介したり、海外の人たちとの交流を通して、たがいの理解を深める仕事を行っています。

この活動の拠点となるのが、世界各国に220以上ある在外公館です。例えば、在外公館は、日本の伝統芸能やアニメ、漫画など、日本の魅力を外国に紹介する広報活動やイベントを積極的に行っています。

加えて、日本に関する正しい知識を海外に伝え、知ってもらい、日本や日本人に対する良好なイメージを築く努力をしています。

さらに、国境や文化を越えた人と人との交流も進めています。留学生や若者たちとの国際交流や、柔道、剣道、空手など、日本の伝統スポーツをはじめとするスポーツ交流などの機会をつくります。

在外公館とは

大使館、総領事館、政府代表部をまとめて在外公館といいます。海外にあり、国際交流や海外の日本人を支援する拠点です。写真は在英国日本国大使館。

3 海外にいる日本人をサポート

外務省は、海外に住んでいたり、訪れたりする日本人の生命や財産を守るための活動をしています。

海外に行く予定のある日本人に、パスポートを発給します。また、現地の治安に関する情報や、感染症など健康に関わる情報、世界の医療事情を伝えて、安全に渡航する準備をうながします。

また、海外で急病になったり、事件・事故にあったりした日本人をサポートします。さらに、海外に住む日本人が災害やテロ・紛争に巻きこまれた場合、保護や支援も行います。

近年、海外に滞在する日本人が増えています。海外に3か月以上滞在する日本人は、外務省に在留届を提出し、滞在先の住所などを知らせます。外務省は、災害や事件・事故に日本人が巻きこまれた可能性があるとき、この在留届や海外安全情報配信サービス「たびレジ」の登録情報をもとに、安否の確認や緊急連絡、支援を行います。

海外在留邦人数推移

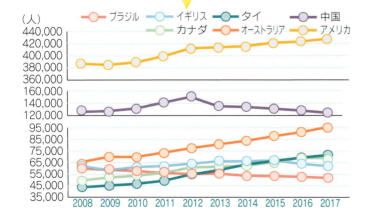

2016年時点の集計で、海外に住む日本人の人数は最多を記録。アメリカと中国で全体の4割以上を占めます。

出典：外務省『海外在留邦人数調査統計（平成30年版）』

海外安全情報を発信

提供：外務省

海外に出張したり、旅行したりする日本人や、外国に住んでいる日本人が安全に過ごせるように、外務省海外安全ホームページや在外公館から緊急の情報を発信しています。また、「たびレジ」に登録すると、犯罪やテロ、災害、感染症などの海外安全情報をメールで受け取ることができます。

ニュース解説 日本の国際協力

国際社会で生きるためには、自分たちの国のことだけを考えるのではなく、開発途上国の発展についても積極的に貢献していくことが大切です。その一環として、日本は1954年から政府開発援助（ODA）に取り組んでいます。

アフリカ南部・ザンビアの小中学校にて。教師の能力を向上し、授業の質を改善する取り組み。　写真提供：渋谷敦志／JICA

アフリカ南部・チトゥンギザ市で井戸に水を汲みにくる女性たち。日本の協力により上下水・廃棄物の環境を改善。　写真提供：JICA

開発途上国の発展を支援

日本は開発途上国に対して、保健・福祉・教育などの分野に必要な資金を贈与したり、日本の技術を伝えたりしています。例えば、安全な水を得るのが難しい地域には、水インフラの整備をするための資金協力を行います。こうした活動を政府開発援助（ODA）といいます。

ODAの目的は、単に資金を贈与したり、技術を提供したりするだけでなく、開発途上国の自立を支援することで、貧しい国を豊かにする手助けです。資源や食糧を海外に依存する日本にとってODAは、もっとも重要な外交手段であり、国の利益にもなる活動です。

日本も、第二次世界大戦後の貧しい時代には外国から支援を受けましたが、経済復興にともない1954年からODAを始めました。2011年に発生した東日本大震災の際には、開発途上国を含め、世界中から支援が寄せられました。今まで日本が行ってきたODAにより、世界の国々が日本に好意的な気持ちをもっていることのひとつの表れとも言えます。

主要援助国のODA実績

経済援助額の推移（支出純額ベース）を見ると、日本は常に世界のトップ5に入っています。2016年の日本のODA実績は、OECD開発援助委員会（DAC）加盟国中で、アメリカ、ドイツ、イギリスに次いで前年と同じく第4位でした。1990年代末、日本は金額で第1位でしたが、2000年代に入ってからはアメリカが第1位です。

出典：OECD/DAC（支出純額ベース）

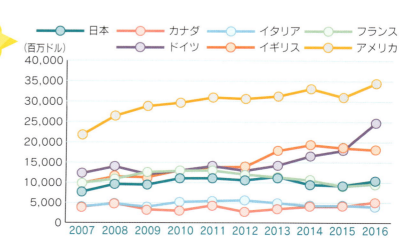

外務省

ここがポイント！

図表 ODAの国民1人当たりの負担額（2016年）

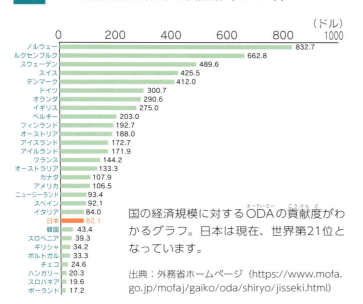

国	ドル
ノルウェー	832.7
ルクセンブルク	662.8
スウェーデン	489.6
スイス	425.5
デンマーク	412.0
ドイツ	300.7
オランダ	290.6
イギリス	275.0
ベルギー	203.0
フィンランド	192.7
オーストリア	188.0
アイスランド	172.7
アイルランド	171.9
フランス	144.2
オーストラリア	133.3
カナダ	107.9
アメリカ	106.5
ニュージーランド	93.4
スペイン	92.1
イタリア	84.0
日本	82.1
韓国	43.4
スロベニア	39.3
ギリシャ	34.2
ポルトガル	33.3
チェコ	24.6
ハンガリー	20.3
スロバキア	19.6
ポーランド	17.2

国の経済規模に対するODAの貢献度がわかるグラフ。日本は現在、世界第21位となっています。

出典：外務省ホームページ（https://www.mofa.go.jp/mofaj/gaiko/oda/shiryo/jisseki.html）

ODAの歩み

日本のODAは、当初は主にアジア諸国に対し、第二次世界大戦による損害への償いや経済協力として行われていましたが、日本の経済力と国際的地位の向上にともない、ODAの拡大が図られるようになりました。計画的に支援額を増やしながら世界規模でODAを展開するようになり、1989年にはアメリカを抜いて世界第1位の援助国になりました。

1992年には冷戦後に大きく変化した国際情勢に対応するため、理念の明確化などを目的としてODA大綱（現・開発協力大綱）を定めました。現在、日本は、非軍事的協力、人間の安全保障、自助努力支援を基本方針とし、開発援助に取り組んでいます。

日本のODAを実施する「JICA」

ODAにはさまざまな省庁や会社、大学などが関わっています。外務省が立てた計画を実行するのが、JICA（国際協力機構）の役割です。

JICAは開発途上国に対して、資金協力や技術提供を実施します。また、より適切な援助のために、開発途上国が必要としている援助を調査し、それに日本の技術で応え、日本の企業や大学などの力を最大限活かせるようにすることも仕事です。

さらに、青年海外協力隊やシニア海外協力隊などの派遣も行っています。

ダンスを教える青年海外協力隊。　写真提供：渋谷敦志/JICA

まだまだある！外務省の仕事

●貿易や投資の基本ルールづくり
日本と外国との貿易や投資の基本ルールづくりをします。これにより国益と世界経済を発展させます。

●国際的なルールづくりとその解釈
日本政府が外交政策を進める上で根拠となる国際約束の締結やそれらの解釈などの業務を行います。

●国際問題の政策を立てる
開発途上国への援助を行うだけでなく、地球温暖化への対策など、地球規模の課題解決を行います。

●来日した外国の首脳をもてなす
外国の首脳が訪日した際、日本の文化などを紹介し、日本への理解を深めてもらえるようにします。

解説 国土交通省の仕事

国土交通省は、住みやすく、安全で、地球に優しい国をつくるために、国土の開発を行っています。暮らしやすさだけではなく、国や地域の経済力を高めることも考え、道路や航空路などの交通網を整備します。

1 道路の計画・整備

国土交通省は、全国の一般道路と高速道路の計画を立て、その整備も行います。毎年、全国の道路を調べて、建設や整備が必要な場所をあらい出します。例えば、昨年に比べて交通量が増えていたり、老朽化が進んでいたりする道路などです。これらの道路を整備したり、新たな道路を建設したりする予算を組み、予算にもとづいて、道路を整備していきます。

これは、交通事故などが起きないようにして、国民の安全を守るためです。また、地域と地域を道路でつないで地方の産業を活発にしたり、物流をスムーズにして日本の経済力を高めることも、道路を整備する目的です。

さらに、トンネルや橋などを常に良好な状態に保ったり、交通のさまたげとなる電柱を減らすことも進めています。

地震や豪雨などの災害によって道路が被害を受けた場合は、その道路を直す予算をとり、復旧や建設を行います。

千葉県と神奈川県を結ぶ高速道路「東京湾アクアライン」。橋梁とトンネルの接続部にある「海ほたる」は観光客にも人気のパーキングエリア。

道路の種類

高速自動車国道
全国各地の主要な地点を結ぶ。最高速度がほかの道路よりも高く、最低速度50km/h以下では走行できない。
管理者：国土交通大臣

一般国道
全国各地の主要な地点を結ぶ、車の往来が激しい道路。
管理者：国土交通大臣または都道府県

都道府県道
地方の主要な地点を結ぶ道路。
管理者：都道府県

市町村道
市町村の区域内にある道路。
管理者：市町村

2 河川の整備

日本は山地が多いですが、山地から流れる河川は短くて急流が多いため、水害が起こりやすい国とされています。水害とは、台風や大量の降雨が原因となって、洪水や高潮などが起こって出た被害のことです。

国土交通省は、水害から人々を守り、良好な水環境を保つための取り組みを行っています。そのひとつがダムの建設と管理です。大量の降雨などで川が氾濫しないように、ダムは水をため、放水して、川の水の量を調整します。また、ダムは水力発電や工業用水、農業用水、私たちの飲み水をつくるためにも利用されています。

さらに国土交通省は、川が氾濫しないように堤防や放水路をつくるなど、河川の整備を行っています。

水害・土砂災害の発生数

- 10回以上の市町村
- 5〜9回の市町村
- 1〜4回の市町村
- 0回の市町村

2007〜2016年の間、ほとんどの地域で水害・土砂災害が発生しているため、河川整備は重要です。　提供：国土交通省

ダムが水量を調整

ダムは、大雨が降ったときなど、川があふれないように、川の水量を調整し、水害から人々の生活を守ります。

3 航空路・空港の整備

空港は、飛行機で人や物を送り入れ、日本の経済発展と国際交流に欠かせない場所です。国土交通省は、飛行機が安全に、安心して飛べるような空港づくりを行っています。

国土交通省は、空港の整備計画を立て、それにのっとって空港の建設や整備を行います。また、地形や天候の条件などを考えながら、目的地に飛行するための空中の道である航空路を決めます。さらに、空港の滑走路の本数と発着する飛行機の数などを考え、乗り入れ可能な航空会社や路線、飛行回数を決定し、守らせます。また、人々が安全に空の旅ができるように、航空会社に対する監視や指導も行っています。

さらに、レーダーなどで空の状況を確認し、飛行機がどう飛んだらよいかを決め、パイロットに指示をする仕事もしています。

空港で働く航空管制官

飛行機同士がぶつからないように、パイロットに指示をします。管制塔という建物のなかで働いています。航空管制官も国土交通省の役人です。

ストップ！空き家

人が住んでいない一戸建てやマンションを空き家といいます。今、空き家が増えていることが、社会の課題となっています。では、空き家が増えると、どのような問題が起こるのでしょうか。考えてみましょう。

倒壊の恐れが高い空き家。

法律により、国や自治体などの行政機関が強制的に空き家を取り壊すことができるようになりました（2018年6月）。

急務！都心の空き家対策

空き家の増加が社会問題になっています。2013年の調査では、全国の住宅数の合計は6063万戸で、5年前から304万戸も増えていました。そのうち、空き家の数は820万戸もあり、空き家率（住宅数の合計の中の空き家の割合）は13.5％で、年々上がっています。

空き家率が高いのは、山梨県、愛媛県、高知県などですが、空き家の数が多いのは都市部です。東京都区部では、空き家の数が58.7万戸もあり、2008年から4.3万戸も増加しています。空き家数の多い都市部の空き家対策は、緊急に対応しなければならないといわれています。

なぜなら、火災や災害が起こったとき、空き家が崩れて道をふさぐなど、被害を大きくする可能性があるからです。また、害虫や害獣が発生したり、悪臭がしたりするなど、衛生を悪化させる問題もあります。

国土交通省は、空き家を利用する方法を考え、支援しています。また、壊れる恐れがある危険な空き家は、法律により取り壊すことができるようになりました。

空き家と空き家率推移

右のグラフを見ると、空き家数と空き家率は、両方とも年々上がっていることがわかります。空き家数は、1993年から2013年の20年間で約1.8倍（448万戸から820万戸）も増加しています。

空き家は一戸建てが多く、地震に備える対応をしていない空き家が多いことも問題になっています。

出典：総務省統計局『平成25年住宅・土地統計調査』

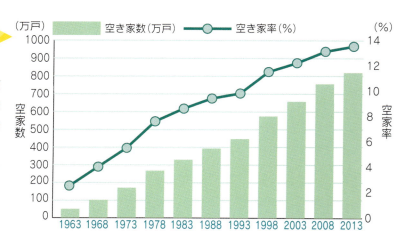

国土交通省

若者は新築がお好き？

日本は少子高齢化のため人口は減っていますが、世帯数は増えています。これは核家族化が進み、単身世帯が増加したことで、1世帯あたりの人数が減っているからです。1世帯の人数が少ないほど、古い大きな家を選ぶことは少なく、新しく建てられた、時代に合った少人数用の家や部屋が選ばれることが多くなります。

こうした社会的な状況から、新築の家が増え続け、空き家が減らなくなっています。

出典：総務省統計局『平成25年住宅・土地統計調査』

ここがポイント！

図表 住宅数、世帯数、1世帯当たり住宅数の推移（全国）

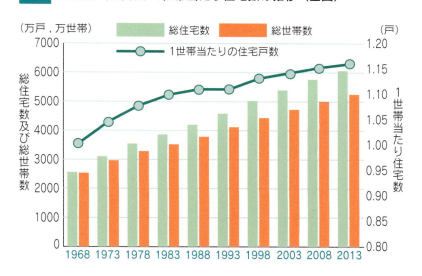

国土交通省がめざす「コンパクトシティ」

国土交通省は、医療や福祉、学校などの重要な施設を、ある場所に集中させるという都市計画「コンパクトシティ」を進めています。コンパクトシティには、移動に車を使わずに済むので排気ガスの発生を抑えられる、行政機関が一か所に集中することでサービスが向上するなどのメリットがあります。国土交通省は地方公共団体に働きかけ、コンパクトシティづくりに向けた法律の整備などを行っています。

うまくいっている都市もありますが、人々が中心部になかなか集まらない都市もあるなど、実現に向けた課題は多いようです。

LRT（次世代型路面電車システム）を活用し、「歩いて暮らせるまちづくり」をめざす富山市。

まだまだある！国土交通省の仕事

● **防災に備えた国土の整備**
災害に備え、下水道などの施設の整備を行い、人々の避難場所がわかるハザードマップを作成します。

● **鉄道会社への指導**
安全で快適な鉄道となるよう鉄道会社の指導をします。ホームドア設置を進める指導などがあります。

● **ユニバーサルデザインを推進**
あらゆる人が使いやすく工夫されたデザインである、ユニバーサルデザインを広める取り組みをします。

● **北海道の総合的な開発・保全**
豊かな食料や、林業や水産業などの資源や特徴を活かすため、広大な北海道の開発を担当しています。

役人にインタビュー

文部科学省の行政官

> 教育の制度を整えて、明日に向かってがんばる人を応援しています。
>
> スポーツ庁国際課 企画係長
> **出分 日向子** さん

出分さんの略歴

2013年3月	お茶の水女子大学 文教育学部卒
2013年4月	文部科学省 入省 初等中等教育局 財務課 高校修学支援室
2014年8月	高等教育局 学生・留学生課
2017年4月	スポーツ庁 国際課
2018年8月	国際統括官付 現在に至る

文部科学省

Q 文部科学省は、どんな仕事をする役所ですか？

　教育、科学技術、スポーツと文化という4つの分野を担当している役所です。教育分野では国民のみなさんに質の高い教育を提供することが主な仕事です。子どもはもちろん、すべての人が、勉強したいと思ったときに教育を受けられるような社会が理想です。また、人々の希望を生み出す力になると信じて、ロボットや人工知能（AI）などの科学技術を発展させるための政策を行っています。

　スポーツと文化は、外局のスポーツ庁と文化庁がそれぞれ担当していて、私はスポーツ庁で働いています。スポーツ庁は、健康増進や経済・地域の活性化など、スポーツを通じて社会の課題を解決するという役割を担っています。そして、文化庁は、文化財の保護や、芸術活動の振興をするところです。

Q 出分さんの今の仕事は、どんな仕事ですか？

　スポーツを通じた国際交流や国際協力を進める仕事をしています。例えば、ワールドカップやオリンピック・パラリンピックなどの国際競技大会をきっかけに、人と人との交流を深める企画を立てたり、イベントを計画します。日本からスポーツの指導者や若手のチームを外国に連れて行き、指導しあったり、交流試合をしたりすることもあります。

　また、スポーツ大臣会合という大きな会議があって、その準備も行います。2018年には、日中韓のスポーツ大臣会合があり、日本が開催国でしたから準備に追われましたね。

　スポーツを通じて日本のよさを伝え、世界が一体となってよい方向へ向かう、その手助けをしたいと思っています。

文部科学省を考えるキーワード

- **文化財とは**……
地域の歴史や文化を伝える文化的財産。文化庁が調査し、登録する。

- **スポーツ大臣会合とは**……
参加国のスポーツ大臣が集い、スポーツに関する国際的課題を話し合う会議。

- **ユネスコとは**……
教育・科学・文化の面で国際協力をめざす、国際連合の専門機関。

2020東京オリンピック・パラリンピックで中心となって動くのがスポーツ庁。出分さんの胸には東京オリンピック・パラリンピック、ラグビーワールドカップのバッジが光っています。

Q 今までの仕事で思い出深いのは？

文部科学省の高等教育局学生・留学生課にいた時の仕事です。借りたお金を返さなくていい、大学生のための新しい奨学金制度を設けるために、法律を変える必要がありました。

法律を変えるためには、法案を国会に出して、国会に認めてもらわなければなりません。ひんぱんに議員会館へ行って、法案の内容を説明していました。また、国会質問の回答案をつくるのも量が多くて大変でした。

でも、大変だった分、法律が成立したときは涙が出そうになりました。

新しい制度をつくる仕事は、難しさもありましたが、すごく勉強になったし、今もどこかで誰かの役に立っていると感じています。

出分さんの職場。同僚とのチームワークがよく、仕事中も笑顔がたえない環境です。

Q どんなところにやりがいがありますか？

人の笑顔をつくれる・守れるところです。「SPORT FOR TOMORROW」という発展途上国などにスポーツの価値を広める事業があるんですが、その中でサッカーをする子どもたちの笑顔が印象的でした。民族紛争が起こる地域でもこの事業を行ったことがあるのですが、みんな一緒に楽しくサッカーをしていて、スポーツには人と人とをつなげる力があることを改めて感じました。世界の平和に日本が少しでも貢献できているのかな、と思った瞬間でした。

また、教育制度をつくる仕事の場合、何か自分の仕事を残せたかな、という思いはあります。一度つくった制度は長く使われるものですから。

自分の携わった仕事がニュースで取り上げられると、自分の仕事が社会に与える影響が大きいと感じられます。そのことも、やりがいのひとつになっています。

今後は異動になり、本省の国際統括官付で働く出分さん。ユネスコの仕事などに関わっていきます。

文部科学省

Q なぜ文部科学省を選んだのですか？

文部科学省の採用面接を受けたとき、とある職員から「文部科学省は、教育、科学技術、文化、スポーツの4つで、明日に向かってがんばる人を応援する仕事ができる」と言われました。もともと国家公務員をめざした理由は「人の選択肢を広げる仕事をしたい」と思っていたからでした。その思いと、その職員の言葉がマッチしました。

自分の行く道を決めなければならないときが、人生で何回かあると思います。「本当はこの道を選びたいけど、何らかの問題があって選べない」ということが、なくなる社会にしていきたいと考えています。今の仕事で、誰かのためになっていると思えることはとてもうれしいです。

Q 10代の頃のことを教えてください。

特に趣味もなく、やりたい仕事もない、普通の中学生でしたが、当時は「自分はとても狭い世界で暮らしている」と考えていたので、もっと広い世界に行きたいなと思っていました。そして、高校時代には「国連みたいなところで働きたい」と思うようになりました。

高校1年生のとき、アメリカに1年間留学しました。当初、英語には自信がありましたが、実際行ってみるとまったくうまく話せなくて大ショックでした。完璧な英語を話そうとしすぎていたんですね。友だちもできなくて、「これではダメだ」と開き直って、へたな英語でどんどん話しかけるように。それからは友だちもでき、とても楽しい留学生活を送れました。

Q 文部科学省で働くにはどんな力が必要ですか？

文部科学省にはさまざまな仕事があるので、自分が知らない分野に携わる機会がたくさんあります。社会の状況は日々変わっていくので、政策も進化していかなくてはなりません。そのため、いろいろなことに関心を持ったり、新しいことをやってみようと思える積極性が大事だと思います。

また、世の中には自分と同じような経験をし、同じような状況にある人ばかりが暮らしているわけではありません。むしろ、自分とは異なる状況にある人の方が多いのです。だからこそ、自分だけの常識にとらわれず、いろいろな状況を想像できる力が必要になると思います。

仕事で、どんなことが大変だと感じますか?

　いろいろなところとの調整が大変ですね。ひとつの制度を成立させたいと思ったとき、ほかの省庁やスポーツ団体、企業との間はもちろんですが、文部科学省内でも、意見がバラバラになることがあります。また、国民の代表である、国会議員との調整も重要です。

　10人いたら10通りの考え方があり、それをどのようにまとめるかが難しいところです。ひとつの考え方を選んで決めてしまうのは簡単です。しかし、私たち役人は、日本や世界をよくするために働いているので、ひとつの考え方にしぼるだけではいけないのです。

　全員が100％満足するのは難しいけれど、それぞれが満足できる何かを探るためにいろいろ考えています。難しいけれど、それがこの仕事のおもしろさでもあります。

これから、どんな仕事をしてみたいですか?

　これから、文部科学省国際統括官付という部署に異動になります。その後パリにある、ユネスコで働くことになっています。以前からの夢が叶おうとしているので、とてもワクワクしています。

　国際機関は、いろいろな国や地域をながめて、世界がどういう流れにあるのかとか、国際社会としてどういう政策を打つのがふさわしいのか、などを考えなければならないところだと感じています。ですから、自分の視野がものすごく大きく広がるのではないかと思っています。

　私が行くのは、「持続可能な教育」を担当する部署です。現在必要とされていることに応えながら、次の世代の教育のことも考えます。先進国、発展途上国というくくりではなく、世界中の子どもたちのための教育政策をいろいろな国と協力しながら、広めていきたいです。

出分さんのある1日の予定

時刻	予定
09:30	登庁。メールチェック
10:30	イベントに向けてスポーツ関係団体と打ち合わせ。
12:00	若手同士で省内勉強会に向けたランチミーティング。
13:30	議員会館に行ってとある政策の説明。
16:00	国際会議に向けて外務省の担当者と打ち合わせ
18:00	省内会議に向けて資料の準備。
20:00	退庁。

この本の読者へ、伝えたいことは?

10代のときから「自分の好きなことは何なのか?」「どういう人生を生きたいのか」を考え続けてほしいです。どういう道が正解かというのは誰にもわからないことですし、一度決めた道を選び直すこともあると思います。ただ、自分の好きなことは何だろうと考えておくと、将来の道を決めるときに必ず役立つと思います。好きなことは、人生を豊かにするもの。さまざまなことに好奇心をもち、考えてみてください。

文部科学省職員は、こんな人が向いている!

1. 積極的な人
2. 行動力のある人
3. 想像力のある人
4. コミュニケーション力がある人

教育、科学技術、スポーツ、文化を担当しているからといって、必ずしも理系科目や体育が得意である必要はありません。さまざまな興味や個性をもった人が、活躍できる役所です。仕事が幅広いので、いろいろな分野にチャレンジする気持ちがあるとよいかもしれません。

中学校
- 食わず嫌いせずに、いろいろなことに興味をもとう。
- 文科系・運動系問わず、部活や習い事をするのもおすすめ。

高校
- 大学、専門学校、就職など、進路にはどんな選択肢があるか考えよう。
- 先生や保護者だけでなく、友だちやそのほかのいろいろな人と話をして視野を広げるのも◎。

大学(大学院)
- 学びがより専門的になるとき。しっかり勉強しよう。
- 勉強でも遊びでも、いろいろな場所へ出かけよう。

文部科学省入省
- 係員→係長→課長補佐→幹部職員
ほかの省庁や都道府県・市町村の教育委員会、在外公館などに出向する機会もあります。

解説 文部科学省の仕事

文部科学省の役割は、教育、科学技術、スポーツ、文化という4つの分野の発展を通じて、日本の未来を支える人材を育てることです。教育の内容や環境を整えたり、学費や研究費を補助する制度をつくったりして、「学ぶ人」を応援します。

1 教育課程の基準を決める

小学校、中学校、高等学校ごとに、各教科などで教える内容を決めたものを学習指導要領といいます。これは、それぞれの学校がカリキュラム（教育課程）を組むときの基準になります。学習指導要領があると、全国の学校で、同じ水準の教育が受けられるようになります。

学習指導要領は約10年に1度、改訂されてきました。改訂するには、まず文部科学大臣が、教育の専門家が集まる会議である、中央教育審議会に「新しい学習指導要領をつくるため、多くの意見を出し合い、まとめてほしい」と伝えます。中央教育審議会は、国民の意見も聞きながら、生徒たちに将来必要と思われる能力や、それを育むための教育内容をまとめ、文部科学大臣に提出します。

大臣はそれをもとに新しい学習指導要領を作成し、国民に発表します。新しい学習指導要領が実施されると、各学校でそれにそったカリキュラムが組まれます。

2015年に学習指導要領が一部改正され、2018年度から小学校の全学年で「道徳」が教科化されました。

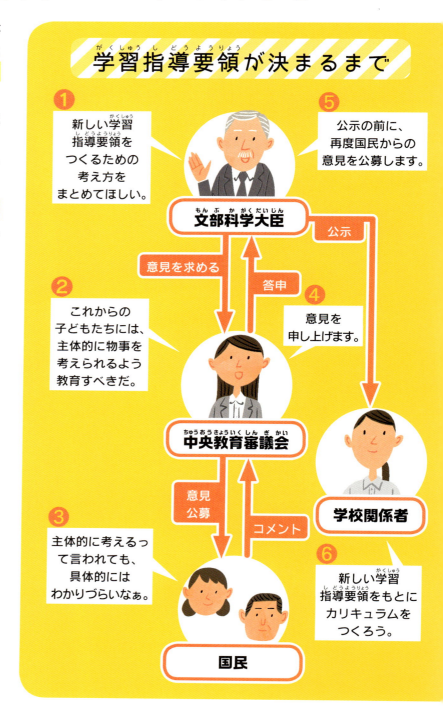

学習指導要領が決まるまで

1. 新しい学習指導要領をつくるための考え方をまとめてほしい。（文部科学大臣）
2. これからの子どもたちには、主体的に物事を考えられるよう教育すべきだ。（中央教育審議会）
3. 主体的に考えるって言われても、具体的にはわかりづらいなぁ。（国民）
4. 意見を申し上げます。（学校関係者）
5. 公示の前に、再度国民からの意見を公募します。
6. 新しい学習指導要領をもとにカリキュラムをつくろう。

文部科学省

2 教育制度の整備

　文部科学省は、小学校や中学校のほか、幼稚園、高等学校、大学、特別支援学校などの学校制度を整備します。国公立の小学校や中学校が行う義務教育は、授業料の代金を払うことなく普通教育が受けられますが、これは国が「義務教育は無償」と定めているからです。ほかにも、文部科学省は、校舎などの大きさや設備について基準をつくったり、先生になるための免許の制度を定めたりします。また、ひとつの教室に入れる生徒の数や、学校に必要な先生の人数なども決めます。

　各学校は、市町村の教育委員会などの下で運営されています。文部科学省は、制度が守られているかどうかなど、教育委員会への指導を行うことができます。

日本の学校制度

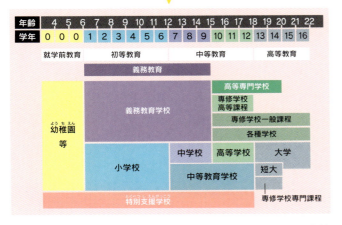

小学校等を初等教育、中学校等から高等学校等までを中等教育、大学、大学院などを高等教育といいます。

教師の働き方を改善

夏休みに「学校閉庁日」を設けて教師を休ませるなど、教師の働く時間や環境を整えて、生徒に必要な指導を行えるように改善しています。

3 最先端の研究を支援

　文部科学省は、日本がこれからも成長し、社会の発展を続けるために科学技術の研究を支援しています。

　今はインターネットやコンピュータのプログラムを使って情報を処理し、その情報を活用する技術（ICT）が進化していて、ロボット技術や人工知能（AI）など、科学技術の重要性が増しています。文部科学省はこれらの最先端の科学技術がより発展するように、研究にかかる費用の補助をしたり、企業や大学、研究機関などが協力して、研究することが可能になるしくみづくり（産学官連携）などを行ったりしています。また、大学などの研究機関が、最先端の研究施設を整備したり、共同利用したりできるように支援を行っています。

　さらに、将来的に科学技術の分野で活躍できる人材を育成することも必要です。そのために、文部科学省は、若手研究者や女性が働きやすい環境を整えています。

最先端の研究施設

SPring-8やSACLAは、強力なX線という光で物質の形や機能を調べられる、世界最先端の施設。提供：理化学研究所

これからの学校教育

さまざまな情報があふれる現在の社会では、勉強して知識を得るだけでなく、得た知識を自分の将来や暮らしの中で活用できる力が求められています。こうした時代の変化を受けて、学習指導要領が大きく変わっていきます。

プログラミングは、プログラミング言語を使って行います。

グループで課題解決に向けた学習を行う学校もあります。

プログラミング教育の導入

コンピュータは人々の生活のさまざまな場面で使われています。家電や自動車など身近なものの多くにもコンピュータが使われており、生活を便利で豊かなものにしています。そして、コンピュータについて理解し、上手に使う力を身につけることは、これからの社会を生きていくためにはとても大切なことです。

そのため小学校では、2020年度から==プログラミング教育==が取り入れられます。そして、中・高等学校では、プログラミング教育がさらに充実します。

==プログラミング==とは、コンピュータにさせたい仕事を専門の言語で順番に書き、指示することをいいます。しかし、小学校でプログラミング教育を行う目的のひとつは、プログラミング言語を覚えさせることではなく、==プログラミング的思考==を育むことです。

プログラミング的思考とは、自分の計画を実現するために、どのような動きをどのように組み合わせればよいのかを考える大事な力です。

授業の内容は？

「プログラミング」という教科ができるのではありません。例えば、算数で正多角形をかいたり、理科で電気のむだづかいを減らすためのしくみをつくったり、音楽でさまざまなリズムやパターンを組み合わせて音楽をつくったりすることを、プログラミングを使って行うと考えられています。これにより、プログラミング的思考を育みます。

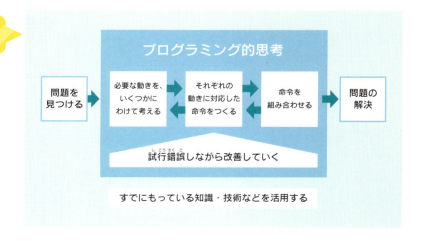

科学技術分野の人材

世界の主要国の中で、日本は研究者をめざす人が減っているといわれています。このままの状態が進むと、科学技術分野で人材が不足し、日本がさらに発展できなくなるかもしれません。

文部科学省では、将来国際的に活躍できる科学技術分野の人材の育成を図るため、先進的な理数系教育を行っている学校を**スーパーサイエンスハイスクール（SSH）**に指定し、支援をしています。

SSHに指定された学校の生徒は、科学技術に関する課題を自ら決めて研究し、科学的な能力をつちかいます。

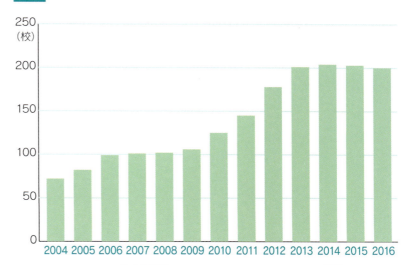

図表 SSH校の数の推移

出典：文部科学省『スーパーサイエンスハイスクール（SSH）支援事業の成果指標の在り方について（論点整理）』（2017年）

教育のICT化に向けた整備

文部科学省では、コンピュータを使ってデータのやりとりをしたり、情報を活用したりする技術（ICT）が児童の学習への興味を高め、教師が学習内容をわかりやすく説明することなどにも効果があるとして、教育のICT化を進めています。

児童の学習用コンピュータや教師用のコンピュータを備え、超高速インターネットや無線LANを100％整備するなど、全児童にICT環境が行きわたるように取り組んでいます。

ICT環境を整備するための目標水準

- **学習用コンピュータ**
  …1日1コマ分程度、児童が1人1台で学習できる環境を整備
- **教師用コンピュータ**
  …授業を担任する教師1人につき1台
- **大型提示装置・実物投影機（プロジェクタなど）**
  …100％整備
- **超高速インターネットおよび無線LAN**
  …100％整備

まだまだある！ 文部科学省の仕事

- **生涯学習を支援**
  大学に再入学する社会人や文化講座を利用する高齢者など、大人になっても学習できる環境を整えます。
- **高等教育の制度整備**
  大学で、レベルの高い教育や研究を行うことができるように、大学が守るべきルールを決めます。
- **北極・南極や深海底の研究・調査**
  北極・南極や地球の内部、深い海の底の謎を解き明かすための研究や調査を行います。
- **地震・津波の調査・研究**
  地震が発生する可能性を予測するなど、自然災害から国民の生命と生活を守るための研究を行います。

解説 厚生労働省の仕事

厚生労働省は、健康と労働という分野から、すべての国民が安心して一生を送るために必要な制度を整えています。その範囲は医療、食品、福祉と幅広く、国民の生活にもっとも身近な仕事をしている省庁のひとつです。

1 医療サービスの充実

厚生労働省は、すべての国民が適切な医療を受けられるように、さまざまな仕事をしています。例えば、医療保険は、病院にかかったときに、支払う治療費を少なくして、国民の負担を減らす制度です。日本に住んでいる人がこの制度のもと、毎月保険料を出し合い、みんなで国の医療を支えています。

しかし、薬や病院で使う機械が安全でなくては、国民は安心して医療を受けることができません。厚生労働省は、医薬品・医療機器が安全で、効果があるかどうかを厳しく確認し、国民の命や健康を守っています。

さらに厚生労働省は、インフルエンザやノロウイルスなどの感染症対策も行います。感染症はひとたび流行すると、多くの人が健康をそこなう危険があります。国民が感染症を予防できるように、ウェブサイトやパンフレットなどで正しい知識を広めています。

感染症と海外への渡航注意情報も発信します。

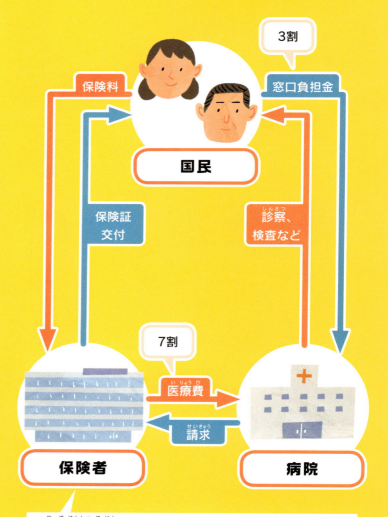

医療保険のしくみ

● 被保険者保険
　協会けんぽ、組合健保など、会社に勤めている人が加入。
● 国民健康保険
　自営業や農業を営む人が加入。

2 子どもを保護する対策

世の中には、保護者から暴力を受けるなど、虐待されて育つ子どもがいます。厚生労働省は、保護者や子どもの相談にのったり、子どもを一時的に保護したりする児童相談所や、子どもの養育を行う児童養護施設を各都道府県などに設けています。

また、ポスターなどで特別養子縁組や里親制度への理解を広めています。特別養子縁組は、生んだ親との関係をなくして、これから育ててくれる親と、法律上の親子関係を結ぶ制度です。里親制度は、保護者が子どもを育てられない場合、別の家庭などで一時的に子どもを育てる制度です。日本ではまだ利用する人は少ないですが、厚生労働省はこれらの制度の普及に取り組んでいます。

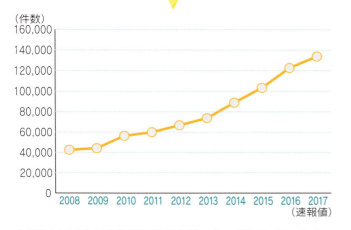

全国210か所の児童相談所で集計。年々増加しています。

出典：厚生労働省『平成29年度児童相談所での児童虐待相談対応件数』

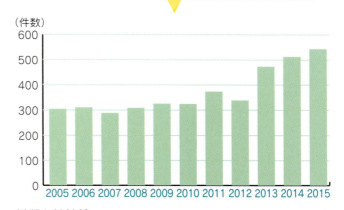

特別養子縁組を結ぶときは、児童相談所や民間の団体が間に入る場合があります。成立件数は徐々に増えています。

出典：厚生労働省『里親及び特別養子縁組の現状について』（2017年）

3 高齢者や障害者の支援

厚生労働省は、高齢者や障害者などの社会的に弱い立場の人も安心して生活を送れるように、さまざまなサポートを行っています。

日本には、介護保険制度があります。これは、65歳以上の高齢者は、食事や入浴などに誰かの手助けが必要になったら、介護サービスを家庭や高齢者施設で受けることができる制度です。そして、その人の体がどのくらいの介護を必要とする状態かを判定することを「要介護認定」といいます。要介護認定を行うのは市町村などですが、住んでいる地域によって判定に差が出ないように、厚生労働省が基準を決めています。

障害者には、働くための訓練を行ったり、就職先の紹介をしたりしています。また、障害者に対する差別を無くすため、法律にもとづいた手引きをつくっています。

国が運営する老人ホームで、入居基準は厚生労働省が定めています。食事や入浴などの介護サービスを提供します。

問われる「働き方」

ニュース解説

日本では当たり前となっていた労働環境が見直され、柔軟な働き方を望む声が高まってきました。これを受けて、2019年4月から「働き方改革関連法」が実施されます。厚生労働省はこの法案をつくり、推し進めています。

働き方改革を訴える労働者（2018年4月）。

「働き方改革関連法案」は国会で可決された（2018年5月）。

労働者の「働き方改革」

日本は、世界の中でも働く時間が長い国です。しかし、長時間労働が当たり前になると、集中力とやる気が下がり、結果的に生産力が下がるといわれています。また、今後さらに少子高齢化が進むことで、働く人口が減ってしまうことがわかっています。働く人が少ない状態で長時間労働を続けているだけでは、日本の経済発展は望めません。これまでの働き方について、根本的な見直しが必要とされています。

この課題を解決するために、国が進めているのが「働き方改革」です。

例えば、厚生労働省は、コンピュータを使って仕事をし、会社に通わなくてよい在宅ワークや、会社員が会社での仕事以外から収入を得る副業など、これまでの働き方にとらわれない環境を整備しています。また、育児や病気で仕事をはなれていた人が復帰できる制度を整えたり、定年退職した高齢者が働ける環境をつくったりするなど、人材を確保するための取り組みも行っています。

働き方改革関連法

正式名称は、働き方改革を推進するための関係法律の整備に関する法律。例えば、長時間労働をなくすため、残業できる時間を月45時間までと定めました。また、会社に所属している正社員と、会社に所属せず働く非正規社員（派遣社員、パートなど）の格差をなくすための取り決めがされました。これを「同一労働同一賃金」といいます。

3つの重要ポイント

長時間労働の解消
残業は月に最大45時間までとする

女性・高齢者の就労促進
産休・育休、定年退職した人が働きやすい環境を整える

格差の是正
正社員と非正規社員の給料に差をつけず、同一にする

厚生労働省

同一労働同一賃金

日本では、正社員とそれ以外の働き方で、給料の差が大きいことが課題といわれてきました。そこで、働き方改革により、ひとつの会社の中で、基本的な給料やボーナスの金額の決め方に差をつけてはいけない、とされました。

しかし、給料には基本的な給料以外に「手当」と呼ばれるものがあり、会社によって手当の種類や金額の決め方が違います。どのようにしたら格差を減らせるのか、人事の担当者からは戸惑いの声も上がっています。

ここがポイント！

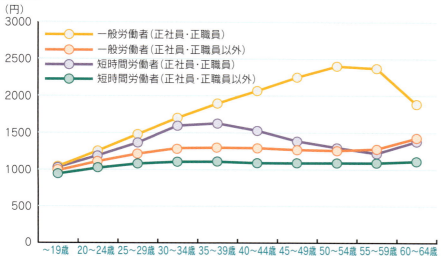

図表 雇用形態・年齢ごとの平均賃金（時給ベース）

年齢が上がるにつれ、一般労働者（正社員・正職員）とそのほかの雇用形態の人との賃金格差は広がる傾向にあります。　出典：厚生労働省『「非正規雇用」の現状と課題』（2017年）

ハローワークってどんなところ？

ハローワークは、働きたいと考えている人に仕事を無料で紹介する場です。仕事を求める人へ勉強や訓練の機会を設け、できるだけ多くの人が望みどおりの仕事につけるように支援しています。また、一時的に仕事からはなれたときに、失業給付金をもらう手続きなどもここで行います。

厚生労働省が指示を出し、都道府県などがハローワークを設置します。それぞれのハローワークは、地域に合った仕事紹介や就職サポートをします。

東京都にあるハローワーク墨田。窓口では職員に仕事の相談にのってもらうことができます。

まだまだある！ 厚生労働省の仕事

●食品の安全を守る
　食品を作るために使う農薬や添加物の基準を決めます。飲食店などを指導し、食中毒を防ぎます。

●安全な水道水の確保
　水道水を国民に安全に送り続けるために、水質基準を定め、水道水に関係する事業者に守らせます。

●がんや難病への対策
　がんや難病の治療法を見つけ、治療につながる研究を支援します。また、医療費も助けます。

●年金制度の改革
　高齢者や障害のある人などの生活を支える年金制度を、社会の変化に合わせて、改革しています。

役人にインタビュー

法務省の行政官

今後も日本が安心して暮らせる国であるために。
統計をまとめて外国との交流に役立てます。

法務省 入国管理局
出入国管理情報官鑑識・統計係
牧 詩織 さん

牧さんの略歴

2011年	鹿児島中央高校普通科卒業
2011年3月	入局 福岡入国管理局総務課
2013年10月	福岡入国管理局福岡空港出張所
2015年4月	法務省入国管理局出入国管理情報官 出入国情報開示第二係
2018年4月	法務省入国管理局出入国管理情報官 鑑識・統計係
	現在に至る

※法務省入国管理局は2019年4月から外局となり、「出入国在留管理庁」に名称が変わります。

法務省は、どんな仕事をする役所ですか？

　法務省は、治安を守り、みなさんが安心して暮らせる平和な社会をつくるための仕事をしています。例えば、空港でパスポートのチェックを行っているのは、法務省入国管理局の入国審査官です。テロリストのうたがいがある人など、不法入国で滞在しようとしている外国人を国内に入れないようにするためです。

　また、警察につかまった人を取り調べ、裁判を行うかどうか決める検察庁、裁判で罰を受けることが決まった人が入る刑務所も、法務省が管轄しています。法務省は罪をおかした人が二度とあやまちを起こさないように教育することで、社会から犯罪を無くすことをめざします。

　さらに、いじめなどの人権問題相談窓口を全国各地において、みなさんの悩みを解決する手助けをしています。

牧さんの今の仕事は、どんな仕事ですか？

　入国管理局は、日本に来る外国人のルールづくりなどをする局です。その中で私は、日本を訪れた外国人や、日本に住んでいる外国人の数値を集め、統計としてまとめる仕事をしています。人数だけではなく、国籍や、いつ来たのか、どの空港を使うかなど、いろいろな傾向を探して、統計をまとめていきます。例えば、ある月に、九州の空港を使う外国人が多いという結果になったら、その月に空港への応援職員を増やすなどの対応がとられます。これにより、審査場内で混乱が起きたり、入国審査の待ち時間が長くなったりすることを防ぐことができます。

　この統計は毎年1冊にまとめて、官公庁や地方自治体、学校などに配ります。観光庁などが出している、日本を訪れた外国人のデータは、私がまとめている統計がもとになっています。

法務省を考えるキーワード

- **治安とは……**
  警察などの強制力によって反乱や暴動、犯罪を取りしまり、平和を保つこと。

- **不法入国とは……**
  有効なパスポートをもっていない人が、自分の国以外に入ること。

- **入国審査官とは……**
  空港や港に勤務し、日本に出入国する日本人や外国人のパスポートやビザ、入国目的などを審査している人のこと。

明治時代に建てられた法務省の旧本館・赤れんが棟。現在は法務史料展示室、ギャラリーなどとして利用されています。

Q 今までの仕事で思い出深いのは？

　法務省に入って3年目のとき、福岡空港でにせもののパスポートを見分ける担当になりました。その日、私は1人で担当していましたが、実は、にせのパスポートを見分ける研修が終わったばかりでした。夜9時、あと1時間で空港が閉まるというときに、「このパスポート、本物かどうか見分けて」って、外国人のパスポートを渡されたんです。本物かどうかあやしくて、「どうしよう！」と、内心パニックになりました。

　とりあえず、習った通りに見ていき、ほかの空港に連絡をとって、ベテランの方に「こういう理由でにせものだと思うのですが」と伝えたところ、「その通り、にせものだと思いますよ」と言われて、ホッとしました。空港が閉まる前に、国外に出てもらえてよかったです。

訪日外国人の統計を作成中。「仕事中、数字を見ている時間はとても長いです」と牧さん。

Q どんなところにやりがいがありますか？

　以前、空港でパスポートのチェックをしていたとき、話し方が挙動不審というか、何となくあやしそうな外国人がいました。入国管理局事務室に引き渡して、確認してもらったら、その外国人は不法入国をしようとしていたそうです。自分の判断が正しかったこともうれしかったですし、少しでも日本や国民を守る力になっていると思えると、入国管理局の仕事にやりがいを感じます。

　また、以前、入国管理局に入りたい職員を増やすための仕事に携わったことがありました。それから数年後、ある若手の職員に「入国管理局を訪問したときに、牧さんとお話しして、ここに入ることを決めたんですよ」と言われたんです。この仕事の魅力を伝えられたのかなと思い、うれしかったですね。

出入国に関する法律がのっている『出入国管理実務六法』に目を通す牧さん。仕事をする上では手放せない一冊。

なぜ法務省を選んだのですか？

　小さい頃から、ばくぜんと「公務員になりたい」という気持ちがありました。祖父が警察官だったこともあり、日本の治安を守る仕事にあこがれがありました。

　高校時代、入国管理局の説明会に行きました。入国管理局は大きく分けて、事務系の仕事をおこなう行政職と、法をおかした人に対応する公安職があると知りました。「まったく異なるふたつの職種が、一緒に仕事をしている役所っておもしろそうだな」と思って、興味がわき、受験したことがきっかけです。

　公務員試験の勉強は、高校3年から公務員予備校の夜間部に通っていました。公務員になりたかったので、試験勉強には力を入れました。

10代の頃のことを教えてください。

　中学時代はマーチングバンド部で、クラリネットや旗手を担当していましたが、本当に部活づけの日々でした。マーチングバンドは集団行動なので、どんなにきつくても、自分だけが列をくずすことは絶対にできないので、体力づくりのために、ランニングを本当にがんばりました。すごく大変でしたが、今、仕事で自分がちょっとダメだなって思ったとき、「もうちょっとがんばろう」と、自分をふるい立たせることができるのは、マーチングバンド部のおかげかなと思っています。

　高校のときは、公務員試験の勉強をしようと思っていたので、部活には入らず、中学時代より、のんびり過ごしていました。

法務省で働くにはどんな力が必要ですか？

　どの部署に入ったとしても、人を相手にする仕事なので、人とのコミュニケーションをためらわない人が向いています。例えば、空港でパスポートをチェックする仕事では、外国人とのやり取りも多くなります。英語が苦手な人は少しめらうかもしれませんが、入省したあとでも研修などでたくさん学ぶ機会はあります。それよりも、その人が日本に入ってもよいかどうか、私たちはすごく短い時間で判断しますので、人とおくせずに話しができる力があるといいですね。話上手である必要はありませんが、いろいろな人と話す機会をたくさんつくっておくとよいと思います。

Q 仕事で、どんなことが大変だと感じますか？

高校時代に就職活動をしていたとき、入国管理局は空港でスタンプを押したり、法律を守らない人をつかまえる仕事をしている役所、くらいにしか思っていなかったんです。でも、入局してから、実際は事務の仕事がすごく多くて、大変だなと感じています。特に、統計の仕事は細かい数字をパソコンに入力していくので、間違えないようにするのにも神経を使います。

でも、こういう地道な事務の仕事がたくさんあって、それが入国審査の仕事を支えているので、大事な役割だと思います。

Q これから、どんな仕事をしてみたいですか？

法務省にはいろいろな職種があり、それによって試験も異なります。総合職だと数年おきに異動がありますが、私は一般職として地方入国管理局で採用されているので、基本的にはずっと入国管理局で働きます。法務省の仕事は幅広いですが、実は入国管理局だけでもものすごくたくさんの仕事があるんです。

例えば、外国人が自分の国を出て、日本に保護を求めた場合、その事情をよく聞いて、難民として認めるかどうかなどの審査・手続きを行っています。また、日本に住んでいる外国人のビザの更新手続きなども入国管理局の仕事です。私はまだ、ほんの一部の仕事しかしていないので、これからいろいろな仕事を経験していきたいと思っています。

いろいろな地域に行って、多くの経験を積み、いつか「どこに行っても、何でもできる職員」と言われたらうれしいですね。

牧さんのある1日の予定

- 09:30 登庁。メールチェック。
- 10:30 地方局からきた、統計に関する報告をとりまとめる。外部からくる電話での問い合わせにこたえる。
- 12:00 ランチ。
- 13:00 毎月法務省のウェブサイトで公表している統計資料をつくる。
- 18:15 退庁。

法務省

  この本の読者へ、
伝えたいことは？

多くの人が18歳くらいで、自分の進む道を決めるのは、いま振り返ると、すごく大変なことだと思います。私は小さい頃から、将来のことを考えていたので、決めることができたと感じています。将来について迷ってもいいですし、つきたい職業がコロコロ変わってもいい。でも、自分の道について調べて、考えておいてほしいと思います。なぜなら、考えていた方が、たくさんの道が開けるんじゃないか、と思うから。たくさん悩んで、自分の道を見つけてください。

法務省職員は、こんな人が向いている！

1 人と話すことをためらわない人
2 つねに新しい環境にいたい人
3 いろいろな仕事に挑戦したい人
4 正義感の強い人

法務省の仕事は転勤が多いので、新しい環境にすぐになじめたり、チャレンジ精神をもっていたりする人が向いています。また、犯罪を減らし、国民の安全を守りたい気持ちがある人は、その正義感が活かせる仕事です。

中学校
◊ 英語の授業で英会話の力を伸ばしておこう。
◊ 差別やいじめはどうしていけないのか考えよう。

高校
◊ 政治経済や日本史の授業で、日本の法律に興味をもとう。
◊ 犯罪や刑務所のニュースに注目しよう。

大学（大学院）
◊ 法学部に入ると、法律のことが学べる。
◊ 海外旅行に行ったとき、入国審査官に注目してみよう。

法務省入省
◊ 本省勤務、地方局勤務、在外公館勤務、他省庁出向などでさまざまな経験を積みます。

解説　法務省の仕事

法務省は、国民の暮らしに関わる基本的なルールをつくり、それがきちんと守られるように、さまざまな制度を整えています。また、検察庁や刑務所などの運営を通じて、犯罪のない社会の実現をめざしています。

1　出入国の管理

法務省は、日本に来たい、住みたいという希望をもつ外国人に対して、来日してよいか、住んでよいかを審査しています。

例えば、空港などで、外国から日本に入るとき、入国審査官が必ずパスポートをひとりひとり確認します。さらに、指紋や顔写真をテロリストのうたがいがある人のリストと照らしあわせ、確認します。日本に入ってきてはならない外国人を見つけた場合は、送り返すなどの対応を行います。にせのパスポートを使っている人など、違反した人に対し、調査して審査もしています。

さらに、海外の難民が日本に住みたいと希望したとき、その人たちが日本に住んでもよいかどうかを調べ、難民認定という審査をします。難民とは、戦争や貧困、差別などの理由で、自分たちの国から離れた人々のことです。法務省は、難民認定をクリアした外国人に難民認定証明書を与え、保護します。

日本への入国審査の流れ

パスポートと旅券を見せてください。

はいどうぞ。

入国審査官

外国人

本人だな。有効期限も問題ない。

入国審査官：次は、指紋と写真をとります。機械の上に指を置いて、カメラをまっすぐ見てください

要注意人物でないかチェック！

入国審査官：日本にはどういう目的で来ましたか？　何日間滞在する予定ですか？

外国人：観光です。7日間です。

入国審査官：わかりました。パスポートと旅券をお返しします。よい旅を！

空港で行われる入国審査。

法務省

2 国民の権利と財産を守る

　法務省は、戸籍や国籍に関する事務、不動産（土地や建物）に関する登記や、会社に関する登記の事務を行っています。

　戸籍とは、国民ひとりひとりが、いつどこで誰の子として生まれ、いつどこで亡くなったのかまでを記す、親族の関係を記録した公文書です。戸籍は、その人が日本の国籍をもっている証明にもなります。法務省は、実際に戸籍を扱っている市役所や町村役場に対して、戸籍の記録に間違いがないように、助言や指示を行っています。

　また、土地や建物が誰のものかなどを記録する、不動産登記というしくみを法務省が管理しています。不動産が誰のものか、きちんと管理しなければ、あらそいが起こりやすくなるからです。国民の財産に関する情報を管理することで、人々の暮らしを守っています。

建物や会社の登記

不動産登記のほかに、商業登記というしくみもあり、会社の登記も管理しています。

3 差別や虐待、いじめ相談

　法務省は、人権相談という窓口を全国各地に設けています。差別や虐待、いじめ、インターネット上でいやがらせを受けるなど、悩みや困りごとがある人からの相談を受けつけています。人権相談の特徴は、法務省が国の機関として、中立で公正な立場で相談にかかわるということです。人権相談は、その手続きに費用はかからず、書類をそろえるなどの面倒な手続きも必要ありません。相談内容に調査が必要だと思われた場合、人権侵犯事件として法務省は調査を開始します。

　きちんと調べた上で、相手との話し合いを取りもったり、相手に差別やいじめをやめるよう伝えたりするなど、悩みや困りごとの解決をめざします。

人権侵犯事件の種類

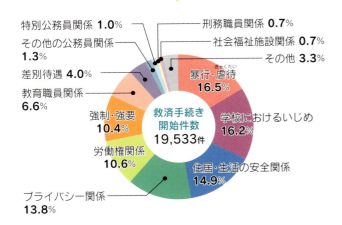

学校でのいじめに関する人権侵犯事件は3千件以上です。

出典：法務省『平成29年における「人権侵犯事件」の状況について（概要）～法務省の人権擁護機関の取組～』

人権相談窓口

法務省では、全国の小・中学校に配布している「子どもの人権SOSミニレター」（便せん兼封筒）やフリーダイヤルの専用相談窓口「子どもの人権110番」などの人権相談窓口を広く知ってもらうための広報活動を行っています。

更生って何だろう？

ニュース解説

法務省は、刑事施設（刑務所、少年刑務所、拘置所）や少年院を運営しています。いずれも、犯罪や非行をした人の更生をめざすことが目的のひとつとされています。では、どういう状態になったら更生といえるのでしょうか。

再犯を防ぐために

全国には、68の刑務所や少年刑務所があります。罪をおかした人は、裁判・審判で年齢や罪の重さなどを判断され、刑務所などの適切な施設に、適切な期間入れられます。しかし、施設から出たあと、再び犯罪や非行をしてしまう人もいます。法務省は、こうした==再犯者==を減らし、犯罪や非行のない安全な社会をつくることをめざしています。犯罪や非行をした人が心から反省をして、また社会の一員として生活できるようになることを==更生==といいます。

刑務所や少年刑務所では、==作業==、==改善指導==、==教科指導==などを行います。作業は仕事の知識や技術を身につけること、改善指導は生活態度などを改めるための指導で、教科指導は学校と同じ内容の学習です。

もちろん、罰を与えて罪を償わせることも大切ですが、これらの指導を通して、受刑者が刑務所や少年刑務所を出たあとも、問題なく社会生活を送れるように支援しています。

受刑者に指導を行う刑務官。

刑務作業の様子。

刑務所入所者数の推移

刑務所を出た後、また刑務所に戻った人を==再入者==といいます。再入者は、1997年から毎年増えていましたが、2006年以降はわずかですが減少傾向です。犯罪をくり返しても刑務所に入らない人もいるので再犯者の数が減っているとは言い切れませんが、更生の成果を表すひとつの目安と考えられています。

出典：法務省『平成29年版 犯罪白書』

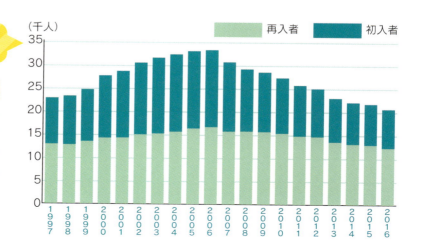

死刑制度は必要？

世界では、死刑制度を廃止している国も少なくありません。2014年の世論調査によると、死刑制度があってよいとする国民は8割以上です。理由として「死刑を廃止したら、被害者やその家族の気持ちがおさまらない」「凶悪な犯罪をおかした者は、命で償うべき」が多くなっています。一方、廃止に賛成する人の意見は「裁判が間違っていたとき、死刑にしてしまうと取り返しがつかない」、「死刑にせず、罪を償わせた方がよい」などです。

犯罪者の人権や、犯罪者を更生させる重要性を考えたとき、死刑制度を存続させるかどうかは、国民全体で考えなければならない問題です。

ここがポイント！

図表 死刑制度の存廃に関する世論調査

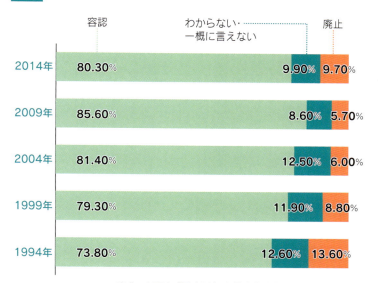

出典：内閣府『平成26年度 基本的法制度に関する世論調査』

適切な刑罰を求めるのは検察庁の役割

法務省には、検察庁という機関があります。検察は、警察とは違う機関です。警察は、犯罪が発生したとき、最初に関係者の取り調べなどの捜査を行い、必要があれば容疑者を逮捕します。検察は、警察が捜査を行っている事件について、警察と協力してさらに捜査をし、裁判所に裁判を求める（起訴する）かどうかを決めます。起訴した場合は、罪をおかした人に対して適切な刑を求めます。裁判で確定した刑にもとづき、刑務所などに入る期間が決まります。

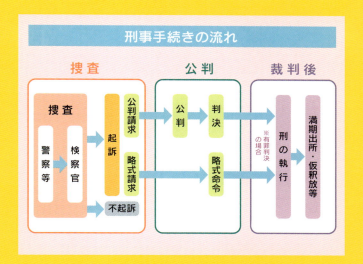

まだまだある！　法務省の仕事

●**法テラスを所管**

法テラス（正式名称：日本司法支援センター）は、誰もが気軽に法的トラブル解決のサポートを受けられるよう、全国の都道府県庁所在地や、弁護士などが少ない地域に事務所を設置して、法的な困りごとなどのさまざまな問い合わせに対応しています。

●**地図を作成する**

土地や建物の不動産登記の情報をより確実なものにするため、地図を作成します。古い地図を使い続けていると、現在の地形と変わっているところもあり、土地や建物を売ったり買ったりするとき、問題やあらそいになるおそれがあるからです。

役人にインタビュー

農林水産省の行政官

日本の農業を次の世代に伝え
国民の「食」を支える。

農林水産省 経営局就農・女性課
三浦 寛子 さん

三浦さんの略歴

2008年	東京農工大学大学院 農学府生物生産科学専攻修了
2008年	農林水産省入省　総合食料局流通課総括班
2009年	総合食料局流通課商業指導班
2010年	六次産業化法制度検討室
2011年	生産局園芸作物課総括班
2013年	生産局園芸作物課需給調整第2班
2014年	内閣官房日本経済再生総合事務局
2015年	産休・育休
2016年	大臣官房秘書課企画班
2016年9月	経営局就農・女性課 経営専門官 （農業教育グループ）
	現在に至る

農林水産省

農林水産省は、どんな仕事をする役所ですか？

日本の「食」にまつわる、すべての仕事をしている役所です。

主な仕事は、将来、日本が食料不足にこまらないよう、農家の経営や生産性の見直しを行ったり、農業を仕事にする人たちを増やしたりすることです。それだけではなく、食べものの加工、安全管理、輸出、輸入、流通までのことを行います。意外なところでは、食べものを買う店が少なくて困っている地域の調査、食べものの移動販売車を走らせるための支援など、食べものが食卓に届くまでの全行程に関わっています。

また、農作物や水産物は、天候に大きく影響されるので、地球環境にまつわる問題を解決していく仕事もしています。

三浦さんの今の仕事は、どんな仕事ですか？

これから農業を仕事にしようとする若者を増やす活動や、仕事のサポートを行っています。

日本の農家は減っているので、農業を仕事とする人を増やしていかないと、将来、農作物の生産が続けられなくなってしまいます。今まで農業をやったことがない若者が、農業をはじめるために必要な農地や農業機械などを買うお金を支援しています。農業に必要な知識や技術を学ぶサポートも行います。さらに、女性農業者と協力して、企業に女性向けのトラクターや作業着をつくってもらい、女性農業者の活躍を社会に発信するなどの工夫も進めています。

また、農業高校や普通高校、大学を訪問し、高校生や大学生に農業のおもしろさを伝える活動もしています。

農林水産省を考えるキーワード

- **農業教育とは**……
農業の生産性を高め、農業の技術や経営をよりよいものとし、次の世代に伝えること。

- **食育とは**……
健康的な食生活を送るために必要な、食べものについての教育のこと。

- **食料安全保障とは**……
すべての国民が将来にわたって食料を手にできるという、国の責任のこと。

農林水産省の入口。受付の横には、農林水産物にまつわる展示があります。

Q 今までの仕事で思い出深いのは？

六次産業化（→P81）法という、農林漁業に関わる人の仕事の幅を広げる法律の成立に携わったことです。法律をつくるためには国会議員にこの法律を理解してもらい、国会で賛成を得なければなりません。ですから、この法律ができると、農家にとって利益になることがたくさんあるということを国会議員に説明する資料をつくったりしました。また、国会で議員がこの法案について、どういう内容の質問をするのかを事前に聞いて、それに対する回答を用意するのも私たちの仕事です。

かなりあわただしかったのですが、法律が成立したときはうれしかったです。社会的にも影響力の大きい法律をつくることに関われてよかったと思います。

普通高校の生徒に向けて、農業の楽しさについて講演する三浦さん。

農業高校で開催された農業に関する討論会。

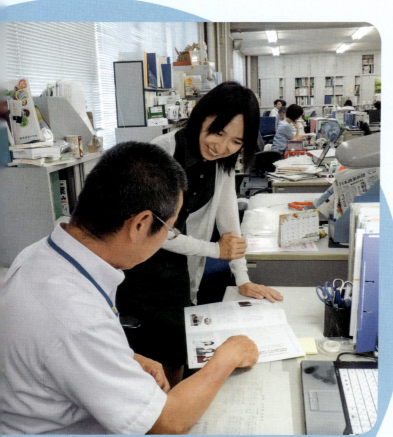
上司に相談する三浦さん。三浦さんが所属する就農・女性課は女性の割合が多く、和やかな雰囲気。

Q どんなところにやりがいがありますか？

毎日食べる食品に関係する仕事ができるというのは、私にとってすごくおもしろいことだと思っています。自分が行った仕事によって、食料がきちんと流通されて、スーパーマーケットに並んでいる野菜や果物の値段や種類に影響をあたえているということに、大きなやりがいを感じます。

2015年に出産して母親になったので、子どもが将来大きくなったときの日本の状況についても考えるようになりました。これからも、自分のやったことが社会に出ていって、日本の「食」がよい方向に動いていくといいな、と思っています。

農林水産省

なぜ農林水産省を選んだのですか？

高校生のとき、あるテレビ番組を観て「世界の食料がなくなったらどうするか」というテーマに興味をもちました。食料が減っていくなら「自分で食料をつくれるようになろう」と思って、大学は農学部に進学しました。

大学では稲の研究をしていたのですが、次第に「食にかかわる、もっと大きな仕事がしたいな」と思うようになりました。食料を自分でつくるのもいいですけど、日本の農業の環境をよりよく整えて、将来も安心して続けられる農業にしていかなければならない、と感じたからです。それをテーマに仕事ができるのはどこだろう、と考えたら「農林水産省がいい」と。それが、入省のきっかけです。

10代の頃のことを教えてください。

少女マンガばっかり読んでいる中学生でした。友だちもマンガ好きだったので、みんなで貸し借りして読んでいましたね。休日は自転車で、小さな古本屋さんをめぐり、読みたいマンガを探す小旅行を楽しんでいました。母が英語の先生だったこともあり、英語は得意でした。

高校時代は、夏休みなどに友だちと旅行を計画し、「青春18きっぷ」で旅をしていました。自然の風景が好きだったので、山林や海岸、山寺とかによく行きました。科目では、生物は目に見えるので好きでしたが、目に見えない物理や化学は全然わからなかったです。大学受験は、英語、数学、生物の3科目で受けられたのでどうにかなりました。そんな普通の10代でしたね。

農林水産省で働くにはどんな力が必要ですか？

食べることが好きで、食べるものにこだわりがある人は、より仕事を楽しめると思います。「食」にかかわる省ということで、食べることが大好きな職員がすごく多いんですよ。職員同士で食事に行くときも、国産の食材を使っているレストランを選んでいます。普段も「教えてくれた、あの果物食べてみたよ」とか、「あの野菜、すごく味がいいね」とか、食べものに関する話題が多いんですよ。

あとは、できるだけ誰とでも話すことができるように、社会性をもつとよいと思います。農家の人が身近にいる場合は、ぜひ話を聞いてみてくださいね。

仕事で、どんなことが大変だと感じますか?

　法令案をつくるときは、言葉の書き方を少しでも間違うと成立しないので、チェックするのが本当に大変です。また、大臣の予定もあるので、締め切りに間に合わせなければならないという緊張感がありました。

　また、私たちの仕事は、誰かひとりの意見を取り上げるのではなく、大多数の人が「それならいいと思う」と言ってもらえるようにしていかなければなりません。なぜなら、国の仕事であり、税金を使って行っている仕事なので、一部の人が「よい」と言っているだけでは、実行することができないからです。そのため、国民のみなさんにきちんと理解してもらうことが大切です。

　いろいろな人に説明をして、必要性を理解してもらいながら事案を進めていく、という点が、やはりむずかしく、大変だなと感じています。

 ## これから、どんな仕事をしてみたいですか?

　どの仕事も携わってみると興味深く、どれも日本の「食」にとって大事なことだと思います。「あの仕事をやりたい」という気持ちはあまりなくて、担当することになった仕事をひとつひとつ大切にやっていきたいですね。

　その上で、より前向きに、今までなかった企画などをつくり、実行していきたいです。これまで農業教育の分野は、国際的な関わりが少なかったと思いますが、私は今、フランスと一緒に農業教育の交流をしよう、という話を進めています。将来、農業教育にも国際的な視点を取り入れることが重要になってくると思っているんです。

　もちろん、これまで行ってきたことは続けていきますが、それに加えて、これから必要になるんじゃないか、ということを見つけ、どんどんチャレンジしたいと考えています。

三浦さんのある1日の予定

- 08:00　登庁。メールチェック。
- 08:30　始業。農業セミナーの資料やイベントのチラシをつくる。
- 12:00　ランチ。お弁当を食べる。
- 13:00　イベントの確認に行く。
- 14:00　部下からの相談にのる。資料のチェック。
- 15:00　メールでフランスと企画の相談。
- 16:00　広報のアイデアを出す会議。
- 17:15　退庁。

農林水産省

Q この本の読者へ、伝えたいことは？

将来の仕事を考える上で、自分が経験したことがあるかないかが、重要だと思います。経験したことが仕事になるかわからないけれど、結局、仕事っていろいろつながっているので、自分の経験を増やしておいてほしいですね。

ボランティア、部活、インターンシップ、留学、何でもいいから、興味をもったことに飛びこんでみて。どんな仕事につこうと、その経験が、あなたの武器として使えるはずです。

農林水産省職員は、こんな人が向いている！

1. 食べることが大好きな人
2. 幅広い業務を経験したい人
3. コミュニケーション能力のある人

食べることはもちろん、生物や地球環境に興味がある人に向いている仕事です。農業、林業、漁業といったフィールドで、食べものをつくるところから、国民の手に届くまで、幅広い仕事を行っています。あらゆる学びを活かすことのできる仕事がいっぱいの役所です。

中学校
自宅や学校で生きものを育てて、命の大切さについて学ぼう。

高校
スーパーに行って、商品の陳列や値段などを調べてみよう。周辺のスーパーとどのような違いがあるか分析しよう。

大学（大学院）
文系・理系問わず、専攻した分野は仕事に役立てることができる。しっかり研究しよう。

農林水産省入省
係員→係長→補佐
おおむね2年ごとに人事異動があり、農林水産省本省はもちろん、地方農政局や地方公共団体、海外など、さまざまな機関で働く機会があります。

解説 農林水産省の仕事

農林水産省は、人間にとって欠かせない「衣食住」のうち「食」に大きく関わる役所です。日本の将来を見据え、食料が安全に、安定して国民の手にわたるように、農林水産業の発展をサポートしています。

1 食料の安定供給

食べものには、日本でつくられたものと、外国から輸入されたものがあります。食べもの全体のうち、どのくらい日本でつくられたかを示す割合を「食料自給率」といいます。

日本のカロリーベース総合食料自給率※は38％（2017年度）で、カナダやアメリカ、フランスなど、他の主要国と比べても日本の食料自給率は低いことがわかっています。また大豆や小麦はほとんどを輸入に頼っています（右図）。

食料を安定的に確保するためには、食料自給率の向上が必要です。そのため、農林水産省は2025年度の食料自給率をカロリーベースで45％に高める目標を設定し、さまざまな取り組みを行っています。

食料自給率を上げるためには、国内の消費を増やすことも大切です。そのために、「フード・アクション・ニッポン」に取り組んでいます。これは、豊かな食を子どもたちの世代へ引き継いでいくために、国産農林水産物の消費拡大を推進する取り組みです。消費者、企業、団体、国などが一体となって、ロゴマークの活用など、消費拡大に向けた国民運動を進めています。

国産の消費拡大に向けた国民運動

このロゴマークのある商品を選ぶことで、消費者も食料自給率の向上に協力することができます。

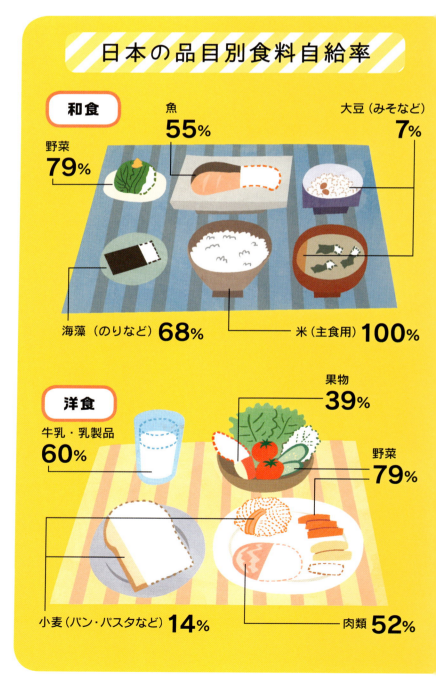

日本の品目別食料自給率

和食
- 魚 55%
- 大豆（みそなど）7%
- 野菜 79%
- 海藻（のりなど）68%
- 米（主食用）100%

洋食
- 果物 39%
- 牛乳・乳製品 60%
- 野菜 79%
- 小麦（パン・パスタなど）14%
- 肉類 52%

※食料に含まれるカロリーをもとに計算した自給率の値。

2 農業を支え・育てる

農業就業人口（農業を仕事にする人）は2016年に初めて200万人以下となり、平均年齢も約66歳となりました。このような中で、農業を発展させていくためには、単に農家の出身というだけでなく、新たに農業を仕事にする人を増やしていくことが課題となっています。

そこで農林水産省は、農業を仕事とする若者を増やすための取り組みをしています。例えば、あとをつぐ人のいない農家に、農業をしたい若者を紹介することで、農業の技術を習得できるようなサポートをしています。

また、農地を借りたい人ができるだけまとまった形で農地を借り受けできるような取り組みを進めています。複数の農地をまとめると、分散しているよりも農地を借りた人が耕作しやすくなります。このように、構造的な問題を解決し、農業の生産性向上をめざしています。

農業就業人口の推移

高齢者が農業を支えていることがわかります。
出典：農林水産省ホームページ

農地を集積・集約化

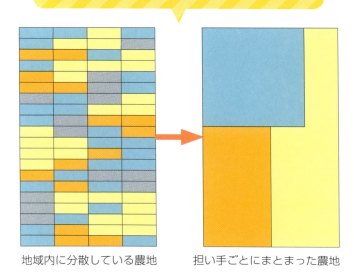

地域内に分散している農地　　担い手ごとにまとまった農地

農業を行う基盤を強化するため、これから農業を担う人に農地を集めて、まとめる取り組みを進めています。

3 農村の振興・活性化

農山漁村で農林水産業が営まれると、食料を供給するだけでなく、自然環境の保全や良好な景観の形成、文化の伝承など、さまざまな恵みをもたらします。しかし、農山漁村は、都市に先駆けて人口減少や高齢化が進行している地域でもあります。

そこで農林水産省は、農山漁村の振興のため、豊かな地域資源を活用した取り組みや、農山漁村への定住などを促進しています。

例えば、美しい風景や伝統的な食などを活用し、都市の人に農山漁村での生活体験を楽しんでもらう「農泊」を広めています。また、施設を整備するお金をサポートしたり、全国主要都市で農泊シンポジウムを開催したりしています。

農泊を推進

農山漁村で日本ならではの伝統的な生活体験と、農家の人々との交流を楽しむ滞在型旅行。外国人を中心に展開。

農林水産省

進化する日本の農業

農業人口の減少や高齢化により、農業の労働力不足は深刻な課題となっています。農林水産省は、こうした動向や現場の需要をふまえ、ロボット技術などの研究開発を進めています。今後、日本の農業は大きく変わろうとしています。

先進技術で、未来をひらく

農林水産省は、農林水産業が抱える問題を解決するため、ロボット技術を活用して土づくりや種まき、除草、収穫を行ったり、インターネットなどを使って農作業の記録をつけたりする新しい農業を推し進めています。これを「スマート農業」といいます。

スマート農業とは、ロボット技術やICTなどの最先端技術を活用し、超省力・高品質生産を可能にする新たな農業のことです。その実現に向けて、農林水産省は新技術の開発や生産現場への導入に取り組んでいます。

例えば、ロボット産業などと連携しながら、GPS自動走行システムを活用した農業機械の自動走行化、人手に頼っている重労働を軽減するパワーアシストスーツ、除草などの作業を軽労化するロボットなどの導入を推進しています。また、経験豊富な農家の技術をデータ化・マニュアル化し、経験の浅い人でも高度な技術が利用できるようにする開発も進めています。これにより、若い世代への円滑な技術継承を可能にします。

無人で耕作するトラクター。

重労働を軽減するアシストスーツ。

日本食を世界へ発信

2013年に「和食」がユネスコの無形文化遺産に登録されたのをきっかけに、日本食は世界中で大きなブームとなっています。

これを機に、日本食や食文化の魅力をさらに世界に発信するため、海外のマスコミを活用した情報発信、日本食レストランや料理人と連携したイベントなどを行っています。

農林水産省

世界の市場へ

日本では、今後、人口が減るとともに必要とする食料の量も減ると予想されますが、世界では今後人口が増え、世界の食市場の規模は拡大するとされています。いかに食の輸出を増やしていくかが、日本の農林水産業の発展のために重要なポイントです。そこで農林水産省は、農林水産物・食品の輸出額を、2019年までに1兆円に増やすことを計画しています。

2012年から2017年にかけて、日本の輸出額は5年連続で過去最高を更新しました。今後も、農作物の世界進出が進められます。

出典：農林水産省『平成29年農林水産物・食品の輸出実績』

ここがポイント！

図表　農林水産物・食品の輸出額の推移

年	農作物	林産物	水産物
2012	2,680	118	1,698
2013	3,136	152	2,216
2014	3,569	211	2,337
2015	4,431	263	2,757
2016	4,593	268	2,640
2017	4,966	355	2,749
2019	1兆円（目標）		

農林水産省が支援する「6次産業化」

6次産業化とは、農林水産業者が、農林水産物の生産（第1次産業）にとどまらず、それを原料として加工（第2次産業）や、流通・販売（第3次産業）を一体的に行うことで、新たな付加価値を生み出す取り組みです。農林水産省は、6次産業化によって農林水産業を元気に、豊かにしていこうとしています。

1（次）、2（次）、3（次）を掛けると6になることから、6次産業化と名づけられました。

リンゴ農家が収穫からジャムの加工、販売までを行うイメージ図。

まだまだある！ 農林水産省の仕事

- **輸出入される動物・植物の病気を検査**
  農作物などの輸出入を通して、病気の原因になるウイルスや害虫が国内に入らないように検査します。
- **畜産農家への支援**
  安全で質のよい牛乳・乳製品、牛肉、豚肉、鶏肉などの畜産物を消費者に届けるための支援をします。
- **利用期に入った森林を活用する**
  本格的な利用期を迎えている豊富な森林資源を利用するため、森林の整備などを行っています。
- **水産業を成長産業に**
  世界の水産物消費量は増加しています。「水産日本の復活」のために、取り組みを行っています。

解説 環境省の仕事

環境省は、国民の健康と安全のため、土や水、空気の汚染やごみなどの問題に対処しています。また、地球温暖化をはじめ、世界規模で考えなくてはならない環境の問題について、各国と協力しながら取り組んでいます。

1 自然環境を守る

環境省では、国民の健康と生活環境を守るために、土壌汚染や水質汚濁などを防ぐ取り組みをしています。自然環境を守ることで、公害が起きるのを防ぐという目的もあります。

土壌汚染とは、鉛やヒ素など、人の健康に被害をもたらしかねない有害物質によって、農作物を育てる土壌が汚染された状態のことです。環境省は土壌汚染を防ぐために調査を行い、全国の土壌の状態を管理しています。

また、全国の公共用水域（河川・湖沼・海域）約9000地点と地下水に科学的物質が入っていないかなどをつねに監視して、水質を保っています。実際に調査を行うのは、国土交通省や地方公共団体です。環境省は地方公共団体に水質調査を指示し、地方公共団体は水質調査の結果を環境省に報告します。そして、集めた資料をデータとして管理し、みんなが見られるようにしています。このデータは各地域の特性がわかり、水質汚濁の早期発見など、環境をよくするために役立っています。

北九州市保健環境研究所。保健衛生に関する試験検査や研究などを行っています。

水質調査の流れ

全国の水質データを解析し、データベース化する。データを環境保全のための活動へ反映する。

環境省 ← 報告 ／ 指示、助言 →

一級河川※以外の河川や湖沼、海域、地下水の水質を測定し、情報を公開する。

地方公共団体 ← 結果を送付 ／ 協議 →

一級河川の水質測定を行い、情報を公開する。

国土交通省

※一級河川とは
国土交通大臣によって指定され、国が管理する河川。洪水などの災害が起こった場合、被害が大きくなる可能性が高く、国民の経済を支える上でも重要な役割を果たす。

2 ごみ問題への対策

環境省は、ごみを資源としてふたたび利用する活動を進めています。これを「循環型社会」といいます。なぜなら、地球上の資源にはかぎりがあり、いつか私たちの生活に必要な資源までなくなってしまうからです。資源を大切に使うことは、地球温暖化を防ぐことにもつながります。

循環型社会を実現するためには、国民の協力が必要です。環境省は、ごみの量を減らし、資源をくり返して使う「3R」を国民に呼びかけています。また、不要になったゲーム機やスマートフォンなどの小型家電を国民から回収し、金属を取り出して原材料として使用するなどの取り組みを行っています。

3R（スリーアール）とは？

ごみの量を減らし、使えるものは再利用し、さらに原料に戻して再生利用すること。普段から3Rを意識して生活することが大事です。

小型家電でメダルをつくる

国は小型家電を集めて、東京オリンピック・パラリンピックで使用するメダルをつくる「都市鉱山からつくる！みんなのメダルプロジェクト」を推進。

3 地球温暖化への取り組み

人の生活に必要なエネルギーをつくるときなどに、二酸化炭素が出ています。しかし、二酸化炭素が出続けると、地球の温度が上がっていきます。これを地球温暖化といいます。これにより、大雨の回数が増えたり、海の水温が上がることで魚が減ってしまったりするなど、さまざまな影響が出ています。

日本の年平均気温は世界よりも早い速度で上昇しているため、環境省は地球温暖化を防ぐための活動を行っています。国際的に決めた、二酸化炭素の量を減らすという目標に向けて、さまざまな活動を進めています。その活動のひとつとして、夏の仕事服を軽装にしてエアコンの設定温度を上げる「クールビズ」を広めています。

また、JAXA（宇宙航空研究開発機構）などと協力して、温室効果ガス観測技術衛星「いぶき」を開発しました。二酸化炭素の量などを調査し、計画に役立てています。

日本の年平均気温の偏差

年平均気温は、過去の気温の平均値との差（偏差）で表します。特に1990年代以降、高温となる年が増えています。

出典：気象庁ホームページ（https://www.data.jma.go.jp/cpdinfo/temp/an_jpn.html）より作成

外来生物への対策

外来生物とは、人間の活動によって、もともと生息していなかった地域にもちこまれた動植物のことをいいます。環境省では、外来生物の取り扱いを規制したり、駆除したりして、日本の生態系を守っています。

神奈川県横浜市で実施されたヒアリ調査(2017年8月)。

環境省は特定外来生物・アライグマの駆除や調査を行っています。
出典：環境省ホームページ

外来生物は危険なの？

外来生物のすべてが危険というわけではありませんが、中には、農作物を食い荒らしたり、有毒で人をかんだり刺したりするなど、自然環境や私たちの生活に悪い影響をおよぼす外来生物がいます。また、もとから生息している生物の食べものやすみかが奪われて生物の数が減るなど、生物多様性が失われるおそれがあります。

外来生物は、ペットとしてもちこまれたものが野生化したり、船などで運ばれたりするなど、人間の活動が原因で増え続けています。そのため、国民が正しい知識をつけることが大切です。

環境省では、「外来生物法」で外来生物の扱い方を定めています。特に国内生物の生息をおびやかしたり、国民に危険をおよぼすおそれのある外来生物を「特定外来生物」に指定し、輸入の規制や駆除などの対応を行っています。特定外来生物には、2017年に国内数か所の港で見つかり話題となったヒアリをはじめ、セアカゴケグモ、アライグマやマングース、ウシガエルなど、130種類以上の外来生物が指定されています。

外来生物が国内で増加

外来生物の種類や数は、日本国内で増え続けています。例えば、横浜市の河川における生物相調査によると、水環境の改善とともに河川に生息する生物の種類は増えていますが、同時に外来生物の割合も増加し、かつての横浜市にあった生物多様性が失われつつある、とされています。

出典：横浜市環境科学研究所

環境省

生態系ってなに？

ある地域にすむすべての生物と、大気や水、土などの自然環境をあわせて「生態系」といいます。生物は長い期間をかけて食う・食われる関係をくり返し、微妙なバランスのもとで生態系を成立させてきました。そこに、本来いるはずのない外来生物が加わり、もとからいる生物を食べて絶滅の危機に追いこんだり、子ども（雑種）をつくったりすると、そのバランスが崩れてしまうのです。

一度生態系が崩れてしまうと、もとに戻すのはむずかしく、その地域にすむ生物を危険にさらすことになります。

ここがポイント！

図解 生態系が崩れる理由

在来種を食べる（補食）

もとからいる在来種との間で雑種をつくる（交雑）

絶滅の危機を救え！ 野生動植物を保護

日本に生息・生育する野生動物を保護するのも環境省の仕事です。「環境省版レッドリスト」と呼ばれる、絶滅のおそれのある野生生物のリストを取りまとめ、公表しています。絶滅のおそれがある野生生物には、沖縄県西表島に生息するイリオモテヤマネコや、人魚のモデルといわれるジュゴンなどが挙げられます。このレッドリストは、地方自治体や国民に絶滅のおそれのある野生生物について知らせるとともに、野生生物保護のための基礎的資料として国内で広く活用されています。

環境省のレッドリストの分類とその例

絶滅	日本ではすでに絶滅した種
野生絶滅	人が飼育・栽培したものだけが生きている
絶滅危惧IA類	近い将来、絶滅の可能性が極めて高い
絶滅危惧IB類	IA類ほどではないが、絶滅の危険性が高い
絶滅危惧II類	絶滅の危険が増えている
準絶滅危惧	現時点では絶滅の危険は小さいが、可能性がある
情報不足	評価するための情報が足りない

（絶滅危惧IA類・IB類・II類は「絶滅が危ぶまれる種」）

まだまだある！ 環境省の仕事

●**国立・国定公園の保全**
尾瀬国立公園や琵琶湖国定公園など、すぐれた自然景観で知られる公園の保全活動を行います。

●**世界自然遺産の保護と管理**
国内4件の自然遺産である屋久島・白神山地・知床、小笠原諸島の保護・管理をします。

●**アジア各国への技術支援**
日本が有する環境技術を、アジア各国の環境汚染に対応したかたちで、技術支援を行っています。

●**国際的に協力して地球環境を守る**
地球環境を守り、生物を保護するために世界の国々と協力し合い、決まりごとなどをつくります。

自衛官にインタビュー

防衛省の自衛官

国の平和を守る活動の
理解を得るために
さまざまな情報を発信します。

防衛省航空幕僚監部広報室広報班
日髙 明 さん

日髙さんの略歴

2004年	防衛大学校卒
2004年3月	幹部候補生学校（奈良県奈良基地）
2004年9月	教育集団司令部付
2008年4月	第8航空団飛行群第304飛行隊（福岡県築城基地）
2012年4月	第4航空団飛行群第11飛行隊（宮城県松島基地）
2015年7月	飛行教育航空隊（宮崎県新田原基地）
2017年10月	防衛省航空幕僚監部広報室広報班 現在に至る

防衛省

 防衛省は、どんな仕事をする役所ですか?

　私たちの仕事は大きく3つあります。ひとつは、国を守るために、日々の訓練や領域の監視を行うこと。ふたつめは、国内で災害が起こったとき、国民の救助や医療の支援、人や物が不足している地域への輸送などを行うこと。3つめは、国際平和協力活動として、海外で災害が発生したときなどに自衛隊を派遣して、現地で救急・援助活動などを行うことです。

　防衛省と自衛隊は、呼び方は違いますが、同じ組織です。「防衛省」という場合には、陸上自衛隊・海上自衛隊・航空自衛隊の管理や運営などをする行政組織であることを指します。それに対し、「自衛隊」という場合は、国の防衛などを実行する部隊であることを指しています。

　日本の平和と、国民の財産や安全を守る役所です。

 日髙さんの今の仕事は、どんな仕事ですか?

　航空自衛隊に所属して、広報の仕事を担当しています。

　例えば、映画やテレビドラマ、ドキュメンタリーに航空自衛隊が出てくるときなど、撮影協力をして、準備やテレビ局との調整などを行います。テレビのクイズ番組で航空自衛隊に関する問題が出る場合は、質問と回答が間違いないか確認することもあります。また、本や雑誌に航空自衛隊のことがのるときは、取材を受けたりします。

　航空自衛隊には、ブルーインパルスという、華麗なアクロバット飛行を行うチームがあります。ブルーインパルスが飛行する航空祭などのイベントにおいて、会場の広さや全体のスケジュールを確認するなど、さまざまな調整をするのも私の仕事です。

防衛省を考えるキーワード

- **領域とは……**
国が自分のものとして持つ区域。領土・領海・領空がある。

- **国際平和協力活動とは……**
国際的な安全保障環境を改善するために、国際社会が協力して行う活動。

- **防衛大学校とは……**
将来の幹部自衛官を育成するための防衛省の教育機関。

防衛省の庁舎。ほかの中央省庁は東京都千代田区霞が関にありますが、防衛省だけは新宿区市谷にあります。

Q どんなところにやりがいがありますか?

　広報の仕事を通して、「自衛隊はこういう仕事をしているんだね」と、理解していただいたり、支援や励ましをいただいたりしたとき、大きなやりがいを感じます。

　防衛省や自衛隊というのは、国民のみなさんから仕事の内容がイメージしづらい役所や組織ではないでしょうか。しかし、最近では映画やテレビ番組の影響もあり、広く知られるようになってきています。それだけに、広報室の担う役割は大きいと感じています。

　これからも、広報活動を通じて、みなさんの理解を得られるようにがんばりたいです。

ブルーインパルスのパイロットとして活躍していた頃の日髙さん。

マスコミ関係者と取材の打ち合わせ。

入隊希望者に航空自衛隊の説明をする日髙さん。

Q 今までの仕事で思い出深いのは?

　私は2013年から3年間、ブルーインパルスのパイロットでした。子どもの頃から、ブルーインパルスのパイロットへの憧れがあったので、それは思い出深い仕事です。

　ブルーインパルスは、みなさんに航空自衛隊のことを知っていただく役割をもった広報部隊です。イベントなどで子どもたちや観客の方々と直接お話しすることが、励みになっていました。展示飛行をした後で「感動しました」とか「ブルーインパルスの演技が大好きです」という声を聞くと、本当にうれしかったです。

　パイロットをしていたとき、裏でいろいろな人に支えてもらっていたことが、今はよくわかります。今度は自分が、広報という形で、ブルーインパルスの活動を支えたいと思っています。

Q なぜ防衛省を選んだのですか？

　私は宮崎県西都市の出身なのですが、家の近くに航空自衛隊の新田原基地があり、小さい頃から自衛隊の飛行機が飛んでいるのを見て育ちました。新田原基地の航空祭でブルーインパルスが飛んでいるのも、家の屋根に上ってながめていました。

　そんな環境だったので、航空機への憧れがあり、高校時代に進路を決めるとき、自然に選択肢のひとつとして航空自衛隊が出てきました。航空自衛隊に入るなら、ブルーインパルスのパイロットになりたいと切望していました。

　「国を守る」というと大きな目標に聞こえますが、私の場合は、まず大好きな家族を守りたいという気持ちが原点だった気がします。

Q 10代の頃のことを教えてください。

　中学から高校までバスケットボール部に所属し、部活にどっぷりの6年間でした。航空自衛隊のパイロットは目がよくなければならないと聞いたことはありましたが、視力のことはあまり気にしていなかったです。毎日早く寝ていたので、それがよかったのかもしれません。

　10代は、防衛大学校のときのことが印象的です。全寮制で集団行動、まずその生活になれることが第一でした。1年次は全員共通で、2年に上がるとき、陸上・海上・航空それぞれのコースに分かれます。「迷彩服が好きだから」という理由で陸上に行った友人や、「船乗りに憧れていたから」と海上に行った友人がいました。私はもちろん、航空を選びました。

Q 仕事で、どんなことが大変だと感じますか？

　パイロットになるための技術・能力を修得する訓練が大変でした。人間はもともと空中の感覚がないので、とても難しいのです。パイロットの資格をとるために、はじめにプロペラ機で訓練して、その後T-4というブルーインパルスと同じ機体で練習します。はじめてT-4に乗ったとき、本当に頭が真っ白になりました。「自分で飛べた」という感動はなかったですね。教官が乗っていて、指示を出してくれるのですが、とにかく緊張して操縦がガチガチでした。しかも、1回目は乗り物酔いしてしまいました。普段、乗り物酔いなんてしたことなかったのに。大変でしたけど、今ではいい思い出です。

防衛省で働くにはどんな力が必要ですか？

体力がないと入省・入隊できないと思っているかもしれませんが、それはまったく問題ないです。入ってから、段階的に体力をつける訓練などがありますから安心してください。私も、訓練を始めてからまわりの人に「体つき変わったね」と言われるようになりました。

それから、防衛省や自衛隊には、とても多くの職種があります。例えば、航空機の点検などを行う整備士、自衛隊の施設や装備を管理する技術者、イベントで演奏を行う音楽隊などです。どんな興味も、ここで活かせると思いますよ。

広報の仕事をするためには、やはり人にうまく説明する力が必要だと思います。あとは省内のさまざまな部署や各基地の自衛隊、マスコミ関係者など、多くの人と関わるので、コミュニケーション能力も必要です。

これから、どんな仕事をしてみたいですか？

より国民のみなさんに、航空自衛隊の活動や日々の訓練について理解していただけるような、広報活動をしていきたいと考えています。

私はしゃべりもうまくないですし、航空自衛隊のことをなかなかうまく表現できないな、と思っていますが、航空自衛隊への理解を深めていただくために、うまく説明できるように努力したいと思っています。

さらに、テレビ局や映画会社から依頼がきたら、各部隊にすみやかに連絡ができるようにしていきたいですね。こういった依頼がきたらこの部署に連絡する、というのが、防衛省全体のことをよく理解していないとすぐには思い浮かばないんです。今はまわりの人に助けてもらっていますが、これからもっと勉強して、自分も人に教えられるようになりたいです。

日髙さんのある1日の予定

- 08:00 登庁。メールチェック。イベントの内容を確認。
- 10:00 雑誌の取材に対応。
- 12:00 食堂でランチ。
- 13:00 テレビ局からの電話に対応。
- 14:30 防衛省と航空幕僚監部を回り、イベントについて説明。
- 17:00 イベントについて打ち合わせ。
- 18:00 退庁。

防衛省

この本の読者へ、伝えたいことは？

私の場合はバスケットボールでしたが、みなさんも、がむしゃらになれるものを見つけて、打ちこんでほしいです。一生懸命何かをした経験は、後から何かしら活きてくると思うからです。団体競技であれば、人と人とのつながりを体感できますね。ぜひ、好きなこと、興味をもったことにチャレンジしてください。

そして、日本のことが好きな人と一緒に仕事がしたいと思っています。防衛省や自衛隊のことを調べてもらえるとうれしいです。

自衛官は、こんな人が向いている！

1. チームワークを重視する人
2. 専門性を高めたい人
3. 人の役に立ちたい人
4. 日本が好きな人

自衛隊に入って活動したい人は、体力をつけておくことも大切ですが、チームワークがとても重要なので、部活動やクラス活動の経験が活きる仕事です。自衛隊や日本の歴史についても学んでおくのがおすすめです。

中学校
- 運動系の部活に入って、体力をつけよう。
- 学校で習う基礎知識はとても重要。しっかり勉強しよう。

高校
- 勉強と運動をしっかり行い、自衛隊にまつわるニュースにも関心をもとう。
- 防衛大学校または一般の大学を志望するか、自衛隊に入るかを決めよう。

大学（大学院）
- 自分の専攻が自衛隊のどの仕事で活きるのかを調べよう。
- 防衛大学校に入学した場合は、規律に慣れることが必要。

自衛隊入隊
- 士→曹→曹長→3尉・2尉・1尉→3佐・2佐・1佐→将補・将　幹部候補生として入隊した場合、曹長からのスタートです。

解説 防衛省の仕事

外国が日本に攻めてきたときや、災害が起きたときに、国民の命や財産を守ることが防衛省の仕事です。実際に行動する組織としては自衛隊と呼ばれています。自衛隊は陸・海・空に分かれており、国の安全と平和のために活動します。

1 自国の防衛

防衛省・自衛隊のもっとも重要な役割は、日本の国民や領土を守ることです。日本は、日本国憲法第9条によって、永久に戦争をしないことを決めているので、ほかの国に日本が戦争をしかけることはありません。万が一、ほかの国から攻撃を受けたとき、防衛省・自衛隊は日本国民や領土を守るために戦います。

自衛隊には、陸上自衛隊、海上自衛隊、航空自衛隊があります。航空自衛隊は、空から攻めこまれないようにレーダーで監視し、戦闘機をいつでも発進できるようにしています。海上自衛隊は、攻めてきた敵を海上にとどめ、しりぞけるのが使命です。しかし、領土に攻めこまれてしまった場合に備え、陸上自衛隊が置かれています。陸上自衛隊は、侵略をはばむ最終的な力となります。

もちろん、ほかの国と戦うことは望ましくはありません。防衛省・自衛隊は日本を守るために、必要な乗り物や器材などを備え、つねに訓練を行っています。

航空自衛隊のT-4練習機。パイロット養成のために開発された。

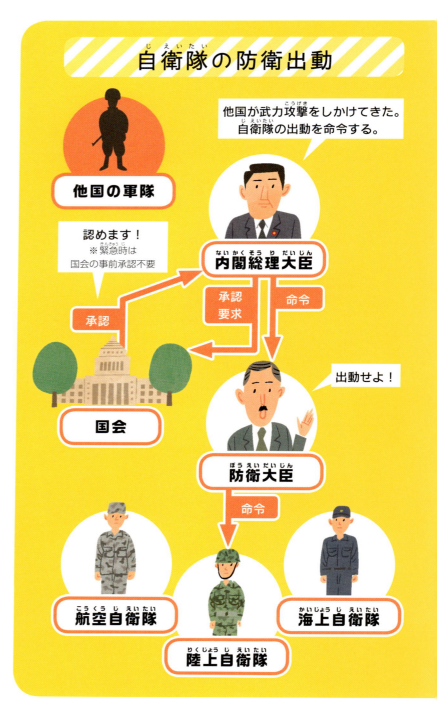

2 災害派遣

自衛隊は、地震や水害、噴火などの自然災害が起きたときや、大きな火災や航空機事故などの大事件が起こったとき、被災地へ派遣され、救助活動や復旧活動を行います。つねに訓練されている自衛隊が、国民の命や財産を守ります。

自然災害や大事故が起こったとき、都道府県の知事などは、自衛隊の派遣を求めることができます。しかし、とても緊急のときには、知事などの求めがなくても、自衛隊を派遣することが可能です。

そして、自衛隊は、行方不明になった人を探したり、病人やけが人を運んだり、必要な水や食料を届けるなど、被災した人たちを助けます。

東日本大震災で活躍

がれきの撤去や沿岸部の捜索、物資輸送などの救護・支援活動を行いました。奥は海上自衛隊のエアクッション艇。

出典：海上自衛隊ホームページ
(http://www.mod.go.jp/msdf/operation/disaster/earthquake/)

自衛隊に関する世論調査

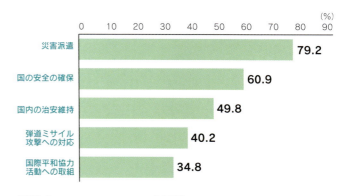

項目	(%)
災害派遣	79.2
国の安全の確保	60.9
国内の治安維持	49.8
弾道ミサイル攻撃への対応	40.2
国際平和協力活動への取組	34.8

内閣府の調査によると「自衛隊に期待する役割」について、一番多かったのは「災害のときの救援活動」、次に「国の安全の確保」でした。自衛隊の活動とほぼ一致しています。

出典：内閣府『自衛隊・防衛問題に関する世論調査』（2018年）

3 国際平和協力

防衛省・自衛隊は、国際平和協力活動も行っています。自衛隊の国際平和協力活動には、主に3つの活動があります。ひとつめは、PKO（平和維持活動）に参加することです。1992年に成立したPKO法により、自衛隊がPKOに参加できるようになりました。PKOとは、国連が紛争を防いだり、安全な選挙活動の支援などのために、国連に加盟している国の部隊や人を派遣するというものです。自衛隊は、海外で武力を使わないことなどを条件に、PKO活動に参加しています。

ふたつめは、国際社会が一致して紛争に対応するとき、他国軍を助けることです。

3つめは、海外で災害が起こったとき、助けに行くことです。自衛隊の災害救助活動は、多くの国から信頼されています。

国連平和維持活動

南スーダンで道路補修のためのゴミ拾いをする陸上自衛隊。派遣する前に、隊員の安全の確保と世界のためになる活動かという点が確認されます。　出典：陸上自衛隊HPより引用

自衛はどこまで？

憲法第9条と自衛隊の存在をめぐっては、さまざまな議論が行われてきました。憲法のとらえ方は、時代や世界の状況によって大きく変化しています。自衛隊の活動範囲はどこまでとすべきか、さらに議論が進んでいます。

日本国憲法第9条

1. 日本国民は、正義と秩序を基調とする国際平和を誠実に希求し、国権の発動たる戦争と、武力による威嚇又は武力の行使は、国際紛争を解決する手段としては、永久にこれを放棄する。
2. 前項の目的を達するため、陸海空軍その他の戦力は、これを保持しない。国の交戦権は、これを認めない。

日本国憲法は1947年5月3日に施行されました。

アメリカと共同で訓練する自衛隊。　出典：陸上自衛隊HPより引用

自衛隊をめぐる議論

日本国憲法は「平和主義」を定めていて、その条文が「憲法第9条」です。憲法第9条には、戦争放棄、戦力の不保持、交戦権の否認という、3つの定めがあります。

では、自衛隊は戦力ではないのでしょうか。実は、憲法において自衛隊は明記されていません。

自衛隊のはじまりは、1950年に朝鮮戦争の影響でつくられた警察予備隊であり、自衛隊の主な任務は国を防衛することとされています。

現在では、国連平和維持活動など、自衛隊が活動する範囲は年々広がっています。自衛隊の災害派遣を評価する声も高まり、現在は多くの国民が自衛隊の活動を支持しています。

そこで、憲法を改正し、「自衛のために国がどのような組織を持つべきか」を記した方がよいという意見が上がっています。しかし、一方で「武力を使わないという定めに、歯止めがきかなくなる」という反対意見もあります。話し合いはまだ続きそうです。

憲法の解釈と自衛隊

憲法の前文や第13条には右図のような定めがあり、「国民の生命や身体が危険にさらされるような場合、自国と国民を守るための最小限度の力は必要」と考える人もいます。

このように、憲法の解釈は読む人によって異なります。自衛隊の存在については第9条だけを読むのではなく、ほかの条文も合わせて考えることが必要です。

（13条）国民の権利　政府は、生命、自由、幸福追求に対する国民の権利を守る

（9条）戦争放棄　国際紛争を解決する手段として武力は使わない

（前文）平和的生存権　平和のうちに生存する権利を有する

防衛省

ここがポイント！

図解 集団的自衛権

集団的自衛権って何？

　集団的自衛権は「必要最小限度の力」かどうか、が議論されています。集団的自衛権とは、自国と関係が深い国が攻撃されたときに自国が直接武力攻撃されていなくても一緒に戦うことができる権利で、すべての国連加盟国に認められています。日本は、国民の命と平和な暮らしを守るための体制を整備する「平和安全法制」が成立しているので、法律上は限定的な集団的自衛の行使が認められます。しかし、「平和主義に反する」「これまで通り、日本が攻められた場合のみ反撃できる個別的自衛権にとどめるべき」という意見もあります。

国民の理解を深める広報活動

　防衛省・自衛隊は、自衛隊の活動について公表し、国民に理解してもらうための活動を行っています。
　例えば、射撃訓練や飛行訓練を行う時間帯などを知らせ、周辺住民の理解や協力を求めます。また、陸・海・空の音楽隊による演奏会、航空自衛隊による航空祭や体験飛行などのイベントを開催し、国民と交流する機会も設けます。さらに、映画やドラマの撮影にも協力し、広く自衛隊の活動内容を知らせています。

航空祭で飛行するブルーインパルス。空にハートを描いたり、ダイナミックな演技を披露したりする展示飛行専門の部隊。

まだまだある！ 防衛省の仕事

●領土・領海・領空の監視
　陸上では日本の沿岸を監視し、領土を守ります。海上では哨戒機を飛ばし、日本の領海を航行する船をつねに監視するなど、領海を守ります。上空では、レーダーを使って日本の領空に許可なくほかの国の航空機が入らないよう監視し、領空を守ります。

●車両・艦船・航空機などの点検・整備
　自衛隊では、車両や艦船、航空機などの点検や整備をつねに行い、日本の領土や国民に何かが起こった場合は、すぐに出動できるようにしています。また、乗り物や機材をいつでも安全に動かせることは、事故をなくし、国民の安全につながります。

解説 内閣府の仕事

内閣府は、内閣総理大臣をリーダーとする機関です。ほかの省庁のように専門的な分野は扱わず、内閣を助けるために、さまざまな仕事を行います。複数の省庁が関わる仕事について、ひとつ上の立場から、意見を取りまとめます。

1 重要政策会議の企画・調整

内閣や内閣総理大臣が政策を立てるには、専門的な知識や、さまざまな立場の意見を知ることが必要です。そのために、内閣府は「重要政策に関する会議」を設けます。

重要政策に関する会議のひとつに、総合科学技術・イノベーション会議があります。国の経済を発展させるために、人工知能（AI）をはじめとする科学技術をどのように開発し、運用していくか、などを話し合います。この会議は、内閣総理大臣のほか、内閣府の中から任命された科学技術政策担当大臣がリーダーシップをとって進められます。ほかの参加者は、内閣官房長官、総務大臣、財務大臣、文部科学大臣、経済産業大臣、有識者（専門家）として大学教授や研究者などです。財務大臣は予算について、経済産業大臣は産業や企業がどのように関わっていけばよいかなど、文部科学大臣はその科学技術に対する教育や研究についてなど、それぞれの立場から意見を出します。内閣府は、ほかの省庁よりも一段高い立場から、意見を取りまとめて、国の科学技術をリードしていきます。

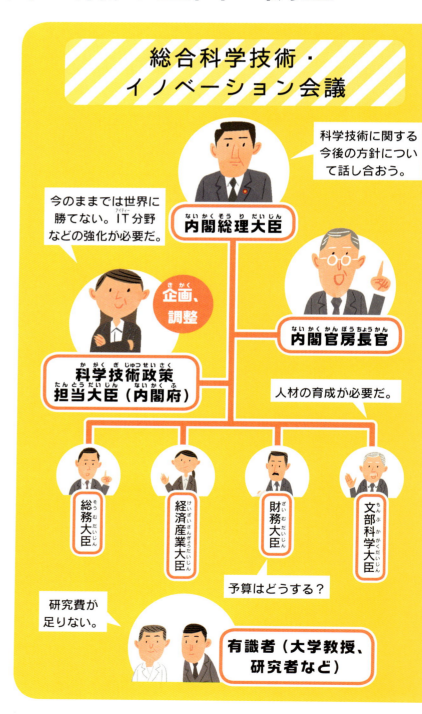

総合科学技術・イノベーション会議

総合科学技術・イノベーション会議（2018年6月）。

2 男女共同参画の推進

内閣府は「男女共同参画」を進めています。男女共同参画社会とは、男性と女性が性別に関係なくおたがいを尊重し合い、みんなの個性や能力を活かしていく社会です。日本国憲法には、個人の尊重や平等が定められており、男女平等にするための取り組みがたくさん行われてきました。しかし、日本は世界的に見ると、まだまだ男女平等とはいえない面も多くあります。内閣府は、2015年に成立した「女性活躍推進法」などをもとに、さまざまな政策を行っています。

女性活躍推進法では、企業や団体は、女性の活躍に関する現状を分析し、目標を決め、公表しなければならない、と定められました。例えば、「女性の管理職を増やすために、出産・育児などで一時的に仕事を休んだ女性も、男性と平等に評価する」というものです。

ジェンダー不平等指数

順位	国名	GII値
1	スイス	0.040
2	デンマーク	0.041
3	オランダ	0.044
4	スウェーデン	0.048
5	アイルランド	0.051
6	ノルウェー	0.053
6	スロベニア	0.053
8	フィンランド	0.056
—	—	—
21	日本	0.116

世界第21位！

この指数（GII）は、人の個性や能力を活かせる環境かどうかを、男女平等の面から調べ、女性議員の比率などから算出しています。2015年の調べでは日本は21位。まだ努力が必要とわかります。

3 少子化の対策

少子化とは、人口の中で子どもが占める割合が減っていくことです。少子化は、仕事と子育てを両立できる環境が社会で整っていないことが原因のひとつです。また、結婚や家族に対する考え方が多様化し、結婚する年齢が上がったり、子どもを産まないことを選ぶ人が増えたりするなど、さまざまな要因が複雑にからみあっています。

少子化を食い止めるには、総合的に対処することが必要です。内閣府は、子育てや出産にかかるお金やサービスだけでなく、若者の出会いの場をつくり、結婚するための支援をしています。また、保育所に入れない子どもを減らす、女性が働きやすい環境をつくるなど、子育ての不安や負担を軽減する取り組みを行っています。

出生数の年次推移

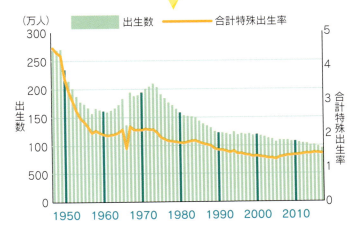

日本の年間出生数は1975年に200万人を下回り、以降、減少傾向です。2016年、2017年には100万人を割りこみました。
出典：厚生労働省『人口動態統計』

夫の協力を支援

内閣府は「さんきゅうパパ プロジェクト」を進めています。これは子どもが生まれて2か月以内のお父さんが、休みをとるようにする計画です。子育ての負担を女性に集中させないための取り組みです。

ニュース解説 領土問題を考える

領土問題とは、ある地域を所有する権利をめぐって、国と国とがあらそうことです。現在、日本はロシアとの間で北方領土をめぐる領土問題を抱えています。内閣府が日本国内での対策、ロシアとの交渉は外務省が担当しています。

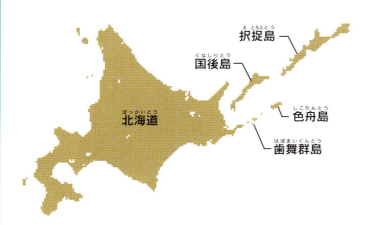

北海道の北東部の海にある北方四島。

北方領土隣接地域への訪問客拡大をめざし、ツアーを開催。

北方領土の歴史

北方領土とは、北海道本島の北東部洋上にある歯舞群島、色丹島、国後島、択捉島の4島です。日本は、北方四島は一度もほかの国の領土となったことがなく、日本の領土にほかならないと主張し、ロシアに対して半世紀以上も返還を求めています。

1855年、江戸幕府とロシアは、北方四島は日本の領土と決め、1875年には北方四島の北東にある千島列島も日本の領土になりました。しかし、第二次世界大戦が終わった1945年、ソ連（現ロシア）は、敗戦を受け入れた日本の千島列島と北方四島を占領したのです。当時、北方四島にはソ連人はひとりもおらず、日本人は約1万7000人も住んでいましたが、1948年までに日本人はすべて退去させられました。

北方領土問題は70年以上経っても解決せず、日露間では平和条約が結べていません。平和条約を締結するための外交交渉を外務省、国民の理解を深める活動を内閣府の特別の機関である北方対策本部が担当しています。

何で解決しないの？

日本とロシア、双方の国としての基本的な考えが異なっているからです。日本は、「北方領土は日本固有の領土である」と主張しています。対するロシアは、「北方領土に対するロシアの主権は国際法によって確立されている」と主張しています。

このように、2国の主張がまったく異なるため、平行線のままなのです。

日本
「歴史的に見ても北方領土は日本の領土で、ロシアが法的根拠なく占拠し続けている。」

ロシア
「第二次世界大戦の結果、北方領土はロシアの領土になった。北方領土に対するロシアの主権は国際法により確立されている。」

平行線のまま

内閣府

日本の領土をめぐって

日本のように資源が少ない国にとって、漁業資源や海洋を守るためにも、外交上、領土をめぐり毅然と対応することは重要です。国は、島根県に属する竹島は「歴史的事実、かつ国際法上、明らかに日本固有の領土。1954年に韓国が一方的に不法占拠を開始したが、韓国が竹島に対して行ういかなる措置も法的な正当性はない」という考えです。一方、沖縄県の石垣島から150km離れた尖閣諸島に関しては「歴史的にも国際法上も明らかに日本固有の領土。解決しなければならない領有権の問題はそもそも存在しない」としています。

ここがポイント！
図解 日本と竹島、尖閣諸島の位置関係

沖縄振興も内閣府が担当

内閣府では、1972年にアメリカから日本に返還された沖縄の振興にも取り組んでいます。

内閣総理大臣が決めた沖縄振興基本方針にもとづいて、沖縄振興計画が定められます。この計画にもとづき、沖縄の豊かな住民生活や、沖縄が自主的に発展するための特別な予算を確保して、さまざまな施策を実行しています。

まだまだある！ 内閣府の仕事

●**高齢社会への対策**
高齢社会対策基本法にもとづき、高齢社会対策に関する調査研究、国民に対する広報活動など、総合的な方針を決めます。高齢者がいきがいをもって過ごせるような社会の実現をめざします。

●**子ども・子育てへの対策**
子ども・子育て支援に関して方針と企画を立て、進めます。施策を行うため、各省庁との調整をします。また、子どもの貧困対策なども行います。

●**知的財産の創造、保護**
製品やサービスの価値を高める知的財産をつくる支援を行い、他国にまねをされないように守ります。

●**金融危機が起きたときの対応方針を話し合う**
金融機関の経営悪化や倒産、株価の下落などが起きたとき、経済活動が混乱しないように対応します。

●**国家公務員の民間企業への再就職をあっせん**
国家公務員から民間企業へ転職したい人のために、再就職支援会社とともに再就職支援をしています。

●**交通安全基本計画の作成**
交通事故の死傷者を減らすために、企画を立てます。関係する省庁に計画を実行するよう指示します。

●**国際平和協力**
国連や国際機関から求めがあったとき、国際平和協力や物資協力のために各省庁との調整を行います。

解説 内閣官房の仕事

内閣府が内閣という組織全体をサポートするのに対し、内閣官房は、内閣総理大臣を直接支える機関です。特に、リーダーである内閣官房長官は「総理大臣の女房役」などと呼ばれ、内閣総理大臣の右腕となって働きます。

1 内閣総理大臣をサポート

内閣官房は内閣総理大臣にもっとも近い機関であり、内閣総理大臣が特に重要だと考えている問題を多く扱っています。また、内閣官房のリーダーである内閣官房長官には、内閣総理大臣がもっとも信頼できる人が任命されるといわれています。府省庁の中でいちばん高く位置づけられ、「内閣の要」とも呼ばれます。

「重要政策に関する会議」では、内閣官房長官は、内閣総理大臣にかわって議長をつとめることができます。重要政策に関する会議は現在、経済財政諮問会議、総合科学技術・イノベーション会議、国家戦略特別区域諮問会議、中央防災会議、男女共同参画会議の5つが設けられています。このうち、性別に関係なく活躍できる社会の実現をめざす男女共同参画会議は、内閣官房長官が議長となっています。

そして、内閣官房長官は、会議で決まったことを記者会見で発表し、記者からの質問に答えます。

記者会見をする菅官房長官。

政府の公式見解を記者発表

内閣総理大臣：「来週、アメリカに行って大統領と会談してくるよ。」
↓指示
内閣官房長官：「テロをはじめとする世界の問題について、日米で議論を行う予定であります。」（記者会見）
↓発表
記者：「何日くらい行くのですか？」「日本はどのような見解で？」「なぜこのタイミング？」

内閣官房

2 重要事項の総合調整

内閣官房は、「閣議」で決められる重要な課題について基本的な方針をつくります。そして、閣議に参加する国務大臣に、話し合う内容を説明したり、閣議を行うための準備を行ったりします。閣議が終わったあとは、内閣官房長官が閣議で決定されたことを記者会見で発表します。

また、内閣官房は、政策の総合的な調整を行います。実行する政策の仕事が、いくつかの省にまたがる場合に、各省の仕事が重なったり、バラバラになったりしないように、全体の統一をはかるための調整をしています。

内閣府が男女共同参画、少子化など特定の政策について担当するのに対し、内閣官房はとても広い分野を担当しています。

閣議とは？

内閣総理大臣が議長となり、すべての国務大臣が参加する、非公開の会議です。内閣が、国の行政を進めるためにたいへん重要と思われる方針や政策を決めるために行われています。

そのため、閣議の決定は全員一致しなければならないとされています。

閣議には、毎週行われている「定例閣議」と、緊急のときに行われる「臨時閣議」の2種類があります。

3 自然災害などの情報発信

日本は、台風や豪雨による風水害が発生しやすく地震や津波、火山の噴火など、さまざまな自然災害が起こる可能性がある国です。また、テロやほかの国からの攻撃にも備え、危険が近づいている状況になったときはそれを知らせ、国民の安全を守る必要があります。

そのため、内閣官房は国民に対して、自然災害や危機管理などの情報発信を行っています。

例えば、Jアラート（全国瞬時警報システム）で緊急地震速報やミサイル情報などを国民に知らせたり、ウェブサイトやニュースなどで災害への対応や状況を報告したり、SNSを使った災害対策を国民に知らせたりしています。

Jアラートのしくみ

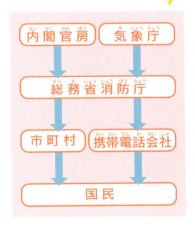

まず、内閣官房や気象庁から消防庁送信システムに連絡されます。人工衛星などを介して、市町村に設置されている屋外スピーカーの放送や、携帯電話会社に情報が届きます。国民は瞬時に情報を受け取ることができます。

まだまだある！内閣官房の仕事

● **予算提出の窓口**
内閣と国会との連絡を担当しています。内閣から国会に提出する予算を受けつけています。

● **公印の保管**
重要な政策決定などに押す、官公署の印鑑を正しく使用するために、公印の保管を行っています。

● **人事についての事務**
内閣総理大臣が任命した国務大臣や内閣が任命した最高裁判所判事などを国民に知らせています。

● **サイバーセキュリティの確保**
サイバー攻撃に関する情報収集のほか、政府機関などに送られる標的型メールの分析などを行います。

解説 内閣法制局の仕事

法律や条例ができあがる前に、きびしいチェックを行う機関が内閣法制局です。内閣法制局は、法律に関する問題が起きたときに、政府の考え方を示す仕事もしているため、国会でも大きな役割を担っています。

1 法律案や条約案の審査

内閣法制局は、内閣が国会に提出する法律の案を、国会で話し合われる前に確認します。なぜなら、各省庁から提出された法律の案が、憲法やほかの法律とくい違っていていたり、つじつまが合わなかったりすると、法律が機能しなくなるからです。

法律ができるまでには、いくつかの手続きが必要です。まず、各省庁がそれぞれの分野で、国民に必要と考えられる法律の案（原案）をつくります。各省庁は、原案を内閣法制局に提出し、国会に提出してもよいか確認してもらいます。内閣法制局は原案を確認し、直す必要があれば、修正を提出した省庁に求めます。こうしてできあがった法律の案を、内閣総理大臣が内閣の案として国会に提出します。そして、国会で法律の案が話し合われた上で、賛成する議員が多ければこの法律が認められます。

とってもキビシイ内閣法制局のチェック

1 法律で定める必要があるか
2 憲法に違反していないか
3 内容は妥当か
4 既存の法律と重複や矛盾はないか
5 立案の意図は明確か
6 用字・用語は正しいか

法案は主に上記の観点からチェックされます。

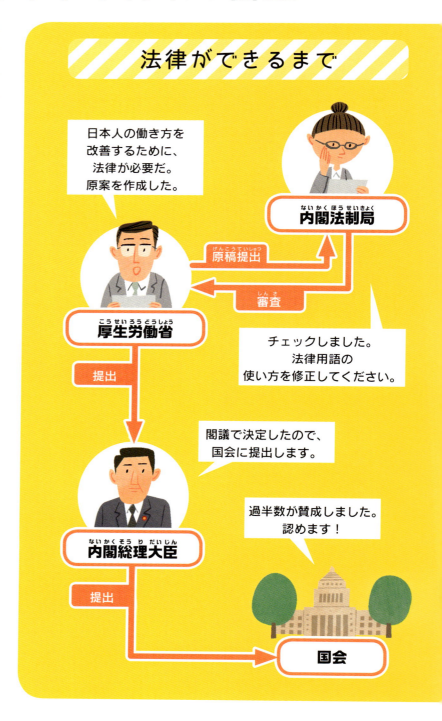

法律ができるまで

2 法律問題に意見を述べる

　内閣法制局は、「意見事務」を行います。意見事務とは、憲法や法律に関して、内閣や内閣総理大臣、各省の大臣に意見をのべる、という仕事です。

　法律は、それぞれの法律を担当する省庁で解釈され、実行されます。その法律に対して、つじつまの合わない考え方や疑いなどが出てきてしまった場合、各省庁は内閣法制局に意見を求めることができます。その仕事も意見事務のひとつです。さらに、ある法律について、いくつかの省庁が異なった考え方を持っている場合も、内閣法制局は各省庁の求めに応じて、その法律問題に対して意見を伝えます。

　内閣法制局は、国内の法律の考え方がバラバラになることを防ぎ、法律がスムーズに施行されることを助けています。

意見事務

内閣総理大臣：この法律ってこういう解釈でいいの？

内閣法制局：その考え方なら、憲法はじめ各種の法律にもとづいて、大丈夫なのではないでしょうか。

3 政府の統一見解を作成

　内閣法制局の意見事務の中には、憲法や法律に関して、政府としての考え方を示す、という仕事もあります。

　国会議員は、内閣に対する政治についての質問を議長に提出します。これを質問主意書の提出といいます。この質問の中で、法律の考え方について内閣が聞かれたときに、内閣法制局が政府としての考え方を内閣に伝えます。内閣は閣議で、この法律の考え方でよいかどうかを話し合った上で決定し、質問主意書が出されてから7日以内に、答えることになっています。

　このように、内閣法制局は憲法や法律について、政府としての考え方を示すという、国会において重要な役割を担っています。

内閣法制局の組織

主任の大臣は、内閣総理大臣です。内閣法制局の長である内閣法制局長官は、内閣が任命します。

想定問答

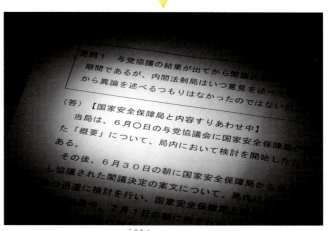

国会で質問されそうな項目を予想し、想定問答を作成する場合もあります。

ニュース解説 憲法は誰のもの？

存命のうちに皇位を退くことを生前退位といいます。平成から新元号へと変わる際、生前退位は大きな波紋を呼びました。最大のポイントは、憲法に反しているかどうかです。なぜ、憲法を守らなくてはならないのでしょうか。

30年続いた平成。

参議院本会議で特例法が成立（2017年6月）。

生前退位は憲法違反？

2019年4月30日で平成は終わり、翌日の5月1日から新元号へと変わります。近年の日本の歴史で、天皇が存命のうちに、次の天皇へ変わることはとても珍しいことでした。なぜなら、憲法には、天皇が存命中に天皇を退くという定めがないからです。

2016年8月、今上天皇は、80歳を越えて体力の面からも国の行事を行うことに不安を覚えるとし、天皇を退く意思を示しました。しかし内閣法制局は、2017年4月、「生前退位を認めると、天皇の活動などを定めた憲法4条とつじつまが合わなくなるおそれがある」として、「退位に賛成できない」「現在の憲法を改正することが必要」という見解を示しました。

結果として、2017年6月、<mark>皇室典範特例法</mark>が成立し、今上天皇は2019年4月で退位することとなりました。皇室典範特例法は一代に限り生前退位を認めたものですが、今後もこの流れが続くのかどうか、注目が集まっています。

議論のポイント

憲法第4条は「天皇は、この憲法の定める国事に関する行為のみを行い、国政に関する機能を有しない」と定めています。天皇の意向で法律が改正されることは、政治への介入とみなされるのではないかという見方もあり、慎重な議論が行われました。結果的に、今回の生前退位は憲法の中の「皇室典範」に含まれる特例にしました。

生前退位で問題になった点

1. 必要以上に天皇が大きな権力を持つ可能性がある
2. 天皇の意思とは関係なく強制的に退位させられる可能性がある
3. 憲法第4条が定める「国政に関する機能を有しない」に反する可能性がある

内閣法制局

憲法の位置づけ

なぜ、憲法に違反するかどうかがこれほど問題になるのでしょうか。それは憲法が、国が定めたルールのなかで一番高いところにある法だからです。日本国憲法は国民主権、基本的人権の尊重、戦争放棄(平和主義)という3つの原則を定めています。憲法が守られないと、国が不安定になったり、国民の人権が保障されなくなったりしてしまう可能性があるのです。国会が制定する法律、内閣や省庁が制定する命令も、すべて憲法と照らし合わせて定められています。

ここがポイント!

図解 国が定めたルールの優先度

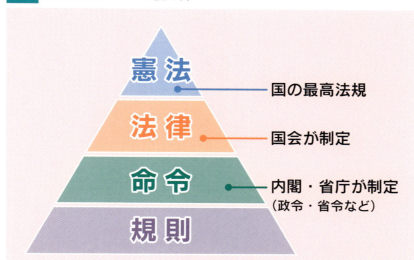

- 憲法 — 国の最高法規
- 法律 — 国会が制定
- 命令 — 内閣・省庁が制定（政令・省令など）
- 規則

70年間一度も改正されていない「日本国憲法」

日本国憲法は1946年11月3日に公布、1947年5月3日に施行されて以来、一度も改正されていません。

憲法第99条は、「天皇又は摂政及び国務大臣、国会議員、裁判官その他の公務員は、この憲法を尊重し擁護する義務を負ふ」と定めています。時代の変化によって憲法見直しの議論が出ていますが、「国民の生命と財産を守る」という最大の目的は、いつの時代も守られるべきといえます。

新憲法施行式典で国民に手を振る昭和天皇（1947年5月）。

まだまだある！ 内閣法制局の仕事

● **内外法制、国際法制とその運用についての調査研究**

日本や外国の法律や法についての制度、それらの使い方、さらに国際的な法律や制度についても、調査研究を行います。この調査や研究は、時代や社会に合った日本の法律をつくる上で役立ちます。

● **憲法調査会が提出した報告、調査会の議事録その他の関係資料の内容の整理等の事務**

憲法調査会とは、日本国憲法について総合的に調査するため、衆議院と参議院の両方に設けられた機関です。内閣法制局は、憲法調査会からの報告や議事録、資料の整理などの事務を行っています。

解説 人事院の仕事

国家公務員は、国民全体のために働くことが憲法で定められています。人事院は、中立で公正な人が採用されるように、試験の基準などをつくります。また、国家公務員が働きやすい環境を整え、行政が適切に行われるようにします。

① 国家公務員の給与改定を要求

国や地方公共団体などの公的な機関で働く人を<mark>公務員</mark>といいます。公務員には、国の仕事をする<mark>国家公務員</mark>と、地方の仕事をする<mark>地方公務員</mark>があります。このうち、国家公務員の給与決定などに関わる機関が人事院です。

憲法では、働く人が会社に対して対等な立場で話し合いをすることができるように、団結権や団体交渉権、争議権を認めています。しかし、公務員は憲法に定められている働く人の権利が一部禁止されています。

その代わりとして、人事院が国家公務員の給与の変更を決め、国会や内閣に同意を求めます。人事院は毎年、民間企業の4月分の給与やボーナスの金額を調べて、国家公務員の給与を決める参考にしています。これは、民間企業で働く人と給与の差が出ないようにするためです。また、民間企業の給与は景気などに影響を受けるため、国家公務員の給与も社会の状況にふさわしい金額にしています。

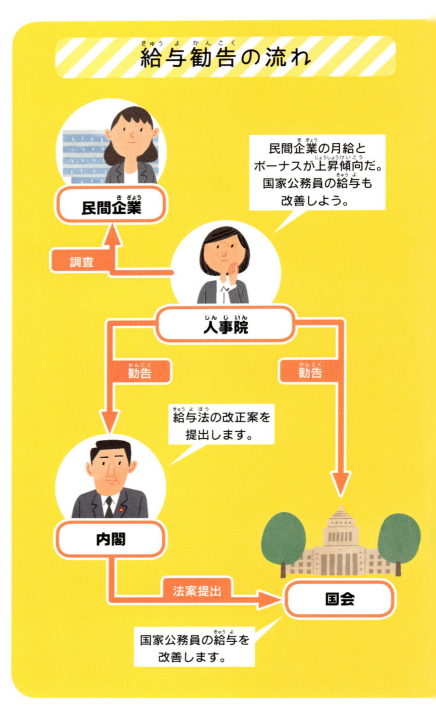

給与勧告の流れ

民間企業の月給とボーナスが上昇傾向だ。国家公務員の給与も改善しよう。

民間企業 ← 調査 ― 人事院

人事院 → 勧告 → 内閣
人事院 → 勧告 → 国会

給与法の改正案を提出します。

内閣 → 法案提出 → 国会

国家公務員の給与を改善します。

人事院には国家公務員倫理審査会が設置され、国民の信頼確保に努めています。

2 勤務環境を改善

人事院は、国家公務員の働く時間や休暇・休日について定めます。国家公務員が問題なく働くことができるように、あらゆる面から環境整備を行っています。

例えば、仕事と子育てや介護を両立させるために、国家公務員にも育児休業や短時間勤務、援助金を受け取ることなどが認められています。人事院は、こうした支援の内容について各府省に伝え、職員が利用できるようにしています。

また、職員の健康・安全や、仕事中に起こった災害に対する補償に関する制度をつくります。さらに、仕事をする場所でのさまざまなハラスメント（いやがらせ）を禁止し、その指導を各府省に行っています。

労働基準法の適用外！

日本には、働く人を守る「労働三法」と呼ばれる法律があります。労働三法は、労働基準法、労働組合法、労働関係調整法の3つです。このうち労働基準法は、働くための条件の最低基準を示した法律ですが、国家公務員は労働基準法にあてはまらない仕事です。

かといって、国家公務員も健康をそこなってまで長時間働くわけにはいきません。そのため、人事院が「国家公務員法」などの法律と照らし合わせながら、国家公務員の働く環境を整えているのです。

3 採用などの基準をつくる

人事院は、国家公務員の採用の仕事をしています。国家公務員の採用は、基本的に筆記試験と面接による試験が行われ、人事院は試験が平等になるよう取り組んでいます。採用試験には、総合職試験や一般職試験、専門職試験、経験者採用試験の4つがあります。

また人事院は、採用した国家公務員を育成する活動も行います。例えば、海外の行政機関や国内外の大学院などに国家公務員を派遣して、専門的な能力や技術を高める研修を行います。国の仕事はひとりではできないため、さまざまな立場の人と交流させる目的もあります。

出身大学別の合格者数

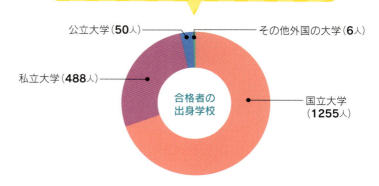

- 公立大学（50人）
- その他外国の大学（6人）
- 私立大学（488人）
- 国立大学（1255人）
- 合格者の出身学校

人事院の発表によると、2018年度に国家公務員採用総合職試験に合格した人のうち、国立大学出身者がおよそ7割を占めます。

まだまだある！人事院の仕事

●災害補償や不利益処分等の救済

国家公務員が仕事の上で、病気やけがなどの災害を受けたとき、その損害を補償します。また、国家公務員が規則をやぶったことに対して罰を受け、それに不満がある場合、公平審査という制度で確認します。不当な罰から救うこともあります。

●国内外の人事制度の調査・研究を行う

人事行政の専門機関として、日本や外国の、企業や市区町村などの人事制度について、どのような制度があり、どのような使い方をしているのかなど、調査研究を行います。この調査や研究は、時代や社会に合った働き方を示す上で役立っています。

解説 復興庁の仕事

復興庁は、2011年に起きた東日本大震災をうけて、2012年につくられた機関です。実際に復興作業を行う地方公共団体と連携したり、各省庁にまたがる復興予算の配分を考えたりする調整役として、一日でも早い復興をめざします。

1 公共インフラの復旧

東日本大震災の被害にあった地域では、復興のための町づくりと、住宅を再び建てて人びとが安心して暮らせるようにすることが、もっとも大事な課題とされています。

そのため復興庁では、国土交通省と協力して、公共インフラを震災前の状態に戻す、復旧に力を入れています。公共インフラとは、道路や鉄道、水道、電気を送る設備、港や湾、ダム、通信設備など、人びとが生活や仕事をする上で、なくてはならない基本的な施設のことです。

復興庁では、2013年6月末時点から、毎年3～4回、「公共インフラの本格復旧・復興の進捗状況」を示し、国民に被災地の公共インフラの復旧状況を知らせています。

2018年3月末時点の復旧状況を見ると、道路と河川、下水道はほぼ復旧が終わったようです。しかし、津波によって大きな被害を受けた海岸は、本格的な復旧まではまだ時間がかかるとされています。

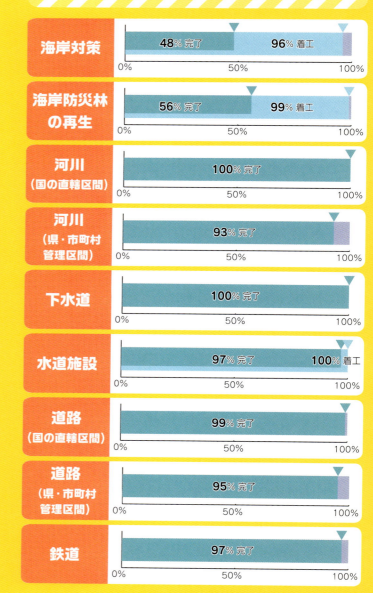

公共インフラの復旧状況（2018年3月末時点）

項目	完了	着工
海岸対策	48%	96%
海岸防災林の再生	56%	99%
河川（国の直轄区間）	100%	
河川（県・市町村管理区間）	93%	
下水道	100%	
水道施設	97%	100%
道路（国の直轄区間）	99%	
道路（県・市町村管理区間）	95%	
鉄道	97%	

宮城県仙台市では津波対策として、道路に約6m盛土するかさ上げ道路工事を進めています（2017年7月）。

2 住まいの再建

東日本大震災では、約12万5000棟もの建物が壊れました。家や住むところを失った人がとても多かったため、被災者の住宅に関する対応が急がれました。

国は、被害にあった家を直したり、新しく建てたりする人には補助金を出すなど、家を再建するお金を支援しました。また、家のローンの返済の期間を延長するなどのサポートをしました。

家を失った被災者は、仮設住宅に無料で住めるようになっていますが、仮設住宅はあくまでも仮の住まいです。そのため、復興庁と地方公共団体は、仮設住宅の利用者を減らし、被災者に対して安い家賃で住まいを貸しだす「災害公営住宅」を増やす取り組みを進めています。

災害公営住宅

災害で家を失い、自力で家を再建することが難しい人のための住宅です。復興公営住宅とも呼ばれます。写真は宮城県名取市の災害公営住宅。

災害公営住宅進捗率

災害公営住宅は、着実に整備が進められています。

出典：復興庁ホームページ（http://www.reconstruction.go.jp/2020portal/progress/sumai-infura_no_hukkou.html）

3 被災者への支援

避難者数は、2011年時点の約33万人から、7年後の2018年には、約6万人にまで減りました。

復興庁は、2015年「被災者支援50の対策」という総合的な対策を発表し、実行しています。この対策では、仮設住宅などで避難生活をしている被災者に対して、心と健康への支援、災害公営住宅でのコミュニティづくりの支援などが示されています。具体的な支援内容は、被災者の見守り活動に必要な相談員を増やしたり、被災者支援に関する交付金をつくったりするなどです。

また、避難する人が多かった福島県から避難生活をしている人には、全国に26か所の「生活再建支援拠点」を設けています。生活再建支援拠点は、福島に戻ることや家の再建について相談したり、そのための情報を手に入れたりすることができる場所です。

避難者数の推移

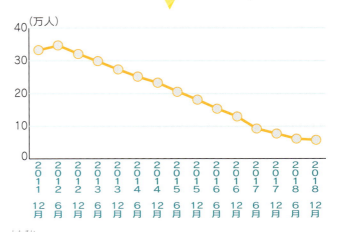

震災から7年が過ぎた2018年でも、約6万人の人がまだ避難生活を続けていました。

出典：復興庁『避難者の数』

「新しい東北」へ

震災が起きる前から、東北地方には人口減少や高齢化、産業の空洞化など、地方が抱える課題がありました。そのため、単に震災前の状態に戻すのではなく、「新しい東北」に生まれ変わることが必要とされています。

復興への願いを込めた「東北・みやぎ復興マラソン」。

東北5社のビール職人が集まり、ひとつのビールを醸造する「東北魂ビールプロジェクト」。

人とのつながりを取り戻す

復興庁は被災地に対して、こわれたものを直す「復旧」ではなく、地域がにぎわいを取り戻す「復興」をめざしています。なぜなら、公共インフラが整備され、住宅が再建されても、住民の元気が戻らなければ、本当の意味での復興とはいえないからです。

2013年には、復興庁が事務局となって「新しい東北」官民連携推進協議会を立ち上げました。これは、復興に向けた情報の共有や交換ができる場を設け、行政機関や企業、民間団体同士の連携を高めることが目的とされています。イベントやセミナーを開催したり、すぐれた取り組みを行っている地域を表彰して、ほかの地域が参考にできるようにしたりしています。また、交流会を開催し、新たな事業が生まれる手助けもしています。

人と人とのつながりを取り戻すことが、復興の大きな力になるといわれています。復興庁は、被災地だけでなく、他の地域も巻き込んだ持続的な復興活動ができる環境を整えることに重点を置き、支援を続けています。

心の復興とは

震災による環境の変化や、長い避難生活でストレスがたまると、心の不調につながることが考えられます。震災後、被災者の話に耳を傾けて、心のケアに協力する「傾聴ボランティア」が活躍しました。また復興庁では、岩手県、宮城県、福島県の3県に、心のケアセンターを置いて、被災者の心の健康を支援しています。

復興庁

観光産業の復興

国内の旅行者は減っているので、海外からの旅行者を呼び込むことが、日本にとっても、東北にとっても、町や人を元気にする方法のひとつです。

震災により東北を訪れる外国人観光客は激減しました。しかし、復興庁や地方公共団体などの取り組みにより、2017年の集計では震災前以上の宿泊者数になりました。今後もさらに増やすべく、国はさまざまな施策を行っていきます。

出典：観光庁『宿泊旅行統計調査』（2017年確定値）

ここがポイント！

図表 東北6県の外国人延べ宿泊者数の推移

復興庁は2021年3月までに廃止

復興庁は、東日本大震災が起きた2011年から10年後の2021年3月までに廃止することが法律で決まっています。

しかし、震災の津波によって原発事故が起こった福島県をはじめ、まだ住民が戻れない地域もあり、2021年以降も引き続き国の支援が必要だといわれています。

2018年に西日本豪雨や大阪北部地震、北海道胆振東部地震などが相次いだことで、自然災害に対する総合的な司令塔としての機能を持つ機関の創設も求められています。

西日本豪雨の災害現場を視察する内閣府防災担当大臣。現在は内閣府や消防庁が防災に関する政策を行っています。

まだまだある！ 復興庁の仕事

●原子力発電の除染作業

復興庁は、環境省や農林水産省と協力し合って、原子力発電の除染作業を行っています。除染作業とは、震災で被災した原子力発電所とそのまわりの地域に流れ出てしまった放射線の量を減らすための作業のことです。

●地方公共団体の窓口

東日本大震災に関する事業に対して、県や市町村の支援の窓口となっているのが復興庁です。事業についての受けつけをし、市町村への支援を進めたり、実行しています。ボランティアやNPO、公益法人などとの連携もしています。

会計検査院の仕事

会計検査院は、国が一年間で使ったお金を検査して、適切にお金が使われるように監督しています。国会や裁判所には属せず、内閣からも独立した中立な立場として、公正な目で国の会計を確認しています。

1 国の収入・支出を検査

会計検査院は、国の収入と支出の決算を毎年検査します。そして、<mark>検査報告</mark>をつくり、これを内閣に送ります。検査報告は、国の収入・支出の決算とともに国会に提出されます。

検査は、提出された書類を検査する「<mark>書面検査</mark>」と、会計検査院の職員が実際に事務所や現場をおとずれて行う「<mark>実地検査</mark>」の2つがあります。実地検査を行う現場は、書面検査の結果やこれまでの検査頻度や実績、マスコミや国民からの情報などを考慮して選ばれます。

その後、検査結果の分析や検討をするために、会計検査院は関係者に対する質問、資料の提出や鑑定の依頼ができます。

検査の対象として、必ず検査しなければならないのは、国会や裁判所、内閣府、内閣ほか11省庁、日本放送協会、そのほか約212法人です。また、会計検査院が必要としたときに検査することができるのは、5371法人・団体があります。

霞が関にある会計検査院。

検査～報告書提出まで

① 検査の方針・計画

② 書面検査・実地検査

③ 会議・まとめ

④ 報告書完成

2 チェックのポイント

私たちの税金など、国が国民から集めているお金は、各府省などが国の仕事をするために使われています。そのため、会計検査院は、国のお金が国民のために正しく使われているかどうかについて、「正確性、合規性、経済性、効率性、有効性」という、5つの観点からきびしくチェックしています。

近年は、行政改革といって、行政府などがお金も時間も、むだのない仕事をするように求められています。そのため5つの観点の中でも、むだのないお金の使い方が重視されているため、特に経済性、効率性、有効性の3つを詳しく検査する傾向にあります。この3つの検査は「3E検査」と呼ばれています。

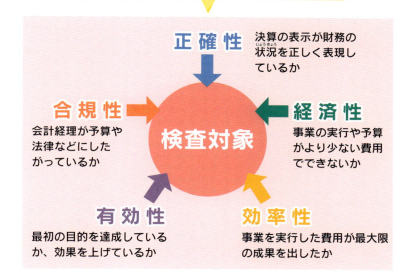

5つの観点で検査

- **正確性** 決算の表示が財務の状況を正しく表現しているか
- **合規性** 会計経理が予算や法律などにしたがっているか
- **経済性** 事業の実行や予算がより少ない費用でできないか
- **有効性** 最初の目的を達成しているか、効果を上げているか
- **効率性** 事業を実行した費用が最大限の成果を出したか

3 各府省に改善を要求

検査の中で、お金の出入りを記録した会計と、日々のお金の流れをまとめた経理に、違反があったり、正しくないと認めた場合は、府省の長官や関係者に知らせ、正しくしたり、よい方向にあらためるよう求めます。また、検査の結果、法令や制度、行政に改善が必要と判断した場合は、関係する府省の長官や責任者に意見を伝え、改善するように求めることもできます。

これらの要求は、関係する府省に対して伝えられるとともに、検査報告にも「意見を表し、直すことを求めた」と記すことになっています。さらに、国民にもこの情報を公開しています。

指摘金額と件数の推移

会計検査院が行った「2016年度決算検査報告」によると、指摘件数は423件、指摘金額は874億円が税金のむだづかいとされました。2015年度の指摘金額は、約1兆2千億円だったため、むだづかいの金額は1年間で大きく減ったことになります。

まだまだある！ 会計検査院の仕事

●**国が出資している政府関係機構などの検査**
情報通信研究機構、国立美術館、国立文化財機構など、国が出資している機関などの会計を検査します。

●**会計検査に関する研究調査**
効率的で効果的な検査をするため、会計検査の研究調査を行います。専門家の意見を聞くこともあります。

●**国際協力**
開発途上国への技術協力として、会計経理の検査方法などについて途上国の関係職員に教えています。

●**弁償・懲戒処分の要求**
検査の結果、国の会計に関係する職員が国に損害を与えていたと認めた場合、弁償や処分を求めます。

その他の組織

内閣府特別機関

解説 警察庁の仕事

警察は、犯罪を取りしまり、国の治安を維持するために活動します。警察庁は、全国の都道府県警察の司令塔として、全体の指揮命令などを行っている機関です。内閣府外局・国家公安委員会の管理のもと、運営されています。

警察組織の構造

日本の警察組織は、ふたつの組織から成り立っています。国の機関である<mark>警察庁</mark>と、地方機関である<mark>都道府県警察</mark>です。そして、警察庁は<mark>国家公安委員会</mark>、都道府県警察は各都道府県の公安委員会に、それぞれ管理されています。国家公安委員会と都道府県の公安委員会は、警察が持つ権力が不当に使われることのないように、中立の立場で監視する役割を担っています。

警察庁と国家公安委員会で働く人は国家公務員で、都道府県警察で働く人は地方公務員です。都道府県警察が担当地域で起こった事件・事故の捜査などを行うのに対し、警察庁と国家公安委員会は、主に警察組織全体を管理する仕事をしています。都道府県警察は通常、「○○県警察」という名前ですが、東京都だけは「警視庁」という名前です。「警察庁」と「警視庁」はよく似た名前ですが、別の組織です。

東京都中央合同庁舎第2号館にある警察庁。

トップは国家公安委員会

国家公安委員会
- 警察が権力を不正に使用しないように管理
- 警察に必要な予算を考える
- 警察官の教育制度を決める

↓ 管理

警察庁
- 国全体の安全に関係する事件や、広域にわたる事件の捜査
- 統計などを発表し、犯罪傾向を予測
- 緊急事態に対処するための計画を立てる

↓ 指導・調整

都道府県警察・警視庁
- 47都道府県に設置
- 担当地域のパトロール
- 交通違反の取り締まり
- 交番での地理案内
- 殺人、窃盗、暴行事件などの捜査

警察庁の役割

警察庁の仕事は、大きく3つに分けられます。ひとつは、犯罪を未然に防ぎ、国民が安全に暮らせるような政策を推進すること。犯罪が発生した場所や時間帯を統計にして発表し、子どもや女性、高齢者など犯罪に巻き込まれやすい人に向けて情報提供しています。また、社会の状況に合わせて、法律をつくります。例えば、家庭内の暴力や、ストーカーによる被害が深刻化してきたことを受け、加害者の行動を一部規制し、犯罪を未然に防ぐ法律をつくったりしています。

ふたつめは、その政策を各都道府県警察に実行させることです。警察組織の司令塔として、全国の都道府県警察の管理や指揮をしています。

3つめは、国全体の安全に関わる犯罪を担当すること。2015年に「警察庁国際テロ対策強化要綱」をつくり、テロ組織の情報収集や各国との連携強化、国内でテロが発生した場合の対処法の整備などをしています。また、各都道府県の管轄をこえた広域にまたがる事件の場合は、警察庁が自ら捜査の指揮をとります。地方と連携して、国の安全を守るために働いています。

刑法犯罪のうち、総検挙数と20歳未満の少年の検挙数の推移。2008年と2017年を比較すると6万人以上減っています。

子どもの性犯罪被害件数推移。児童ポルノ事件が増加しています。

出典：警察庁『平成29年における少年非行、児童虐待及び子供の性被害の状況』

警察庁にある3つの付属機関

●警察大学校

警察の上級幹部ほか、国家公務員採用試験で警部補の階級で新たに採用された警察官に対して、必要な知識、技能などの実務能力、指導・管理能力を修得させるための高度な教育を行っています。

●科学警察研究所

犯罪に対して科学捜査を行う研究・実験機関。生物学、医学、化学、薬学、物理学、農学、工学、社会学、教育学、心理学などの専門に応じた部門が配置されています。テレビドラマなどによく登場する科捜研（科学捜査研究所）は、都道府県警察に所属する機関です。

●皇宮警察本部

天皇や皇族の護衛、皇居、御所、御用邸などの警備を専門に行っています。

皇居内にある皇宮警察学校の入学式（2018年4月）。

内閣府

解説 宮内庁の仕事

宮内庁は、外局ではなく内閣府に置かれた機関です。皇室に関する事務や、憲法で定められた天皇の儀式などの事務を行います。また、天皇や皇族のお世話や、皇室関係の施設を管理する仕事も行っています。

天皇や皇族のお世話

宮内庁は、<mark>天皇や皇族</mark>の活動のお世話をしています。宮内庁の中の侍従職という部署には、侍従や女官などの職員がいて、日々、天皇や皇族のお世話をしています。天皇や皇后、皇族の食べるものや着るものを用意しています。天皇や皇族が行事に出席するときや、体調不良などで静養するとき、海外へ出かけるときの準備も行っています。

また、侍医と呼ばれる医者は、天皇・皇族を専門に診療し、健康状態のチェックや、病気になったときの対応をしています。

天皇が行う活動

天皇の活動には、国会会期のはじめに行われる国会開会式への出席、皇居で行われる内閣総理大臣の任命、全国で開催される式典への出席などがあります。また、外国の政治家や、大使をむかえる仕事もしています。

こうした活動に関わる事務を行うのも、宮内庁の役割です。さらに、天皇が記者会見する際の手配や、テレビ局や出版社などの取材対応も行っています。

江戸城跡にある宮内庁の庁舎。

(1) 国会の指名に基づいて、内閣総理大臣を任命すること。
(2) 内閣の指名に基づいて、最高裁判所の長たる裁判官を任命すること。
(3) 憲法改正、法律、政令及び条約を公布すること。
(4) 国会を召集すること。
(5) 衆議院を解散すること。
(6) 国会議員の総選挙の施行を公示すること。
(7) 国務大臣及び法律の定めるその他の官吏の任免並びに全権委任状及び大使及び公使の信任状を認証すること。
(8) 大赦、特赦、減刑、刑の執行の免除及び復権を認証すること。
(9) 栄典を授与すること。
(10) 批准書及び法律の定めるその他の外交文書を認証すること。
(11) 外国の大使及び公使を接受すること。
(12) 儀式を行うこと。

憲法に定められている天皇の国事行為。

まだある宮内庁の仕事

●天皇のはんこの管理
　天皇の儀式で使う、御璽と呼ばれる天皇のはんこや、国璽という日本国のはんこを管理しています。

●皇室関係施設の管理
　皇居や京都御所、正倉院、御料牧場など、皇室に関係する施設の管理を行っています。

●宮内庁病院の管理
　宮内庁病院は、皇居の中にある国立の病院で、内科、外科など8つの診療科があります。天皇や皇族の健康管理や診療を行い、あわせて宮内庁の職員や一般の人たちの診療も行っています。宮内庁は、この宮内庁病院の管理を行っています。

内閣府外局

解説 金融庁の仕事

金融とは、企業や個人がお金をやりとりすることです。金融機関といった場合は、銀行や証券会社などを指します。金融庁は、国民や会社、金融機関が安心して金融活動を行い、国の経済が活発になるように、制度などを整えます。

お金の貸し借りのルールづくり

企業が商品をつくったり、人が買い物をするなど、あらゆる場面でお金が使われ、お金は世の中をぐるぐる回っています。お金が必要なときは、銀行などから、利息を支払う約束で、お金を借りることもできます。この貸し借りが金融です。銀行などの金融機関が橋わたしをします。

しかし、取り引きのルールを定めたり、違反が無いように監視しないとトラブルが起こるかもしれません。金融庁は、お金のトラブルから国民を守っています。

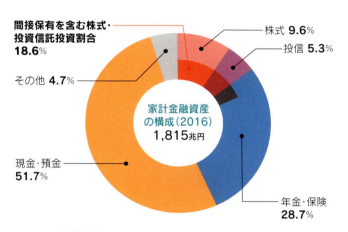

日本人の金融資産はリスクが少ない現金・預金が中心です。
出典：金融庁『平成28事務年度 金融レポート』

銀行などの仕事ぶりを監視

金融庁は、銀行や保険会社、証券会社などの金融機関が、正しい仕事をしているかどうかを常にチェックし、検査や監督をしています。例えば、銀行が顧客に対して金融商品に関する説明を十分に行わず、勧誘や販売を行ったことが発覚した場合、適切な処分をします。

2018年6月には「金融検査・監督の考え方と進め方」という新たな基本方針を公表し、金融機関に呼びかけを行っています。

金融機関には、ほかに信用金庫、信用組合、労働金庫など、さまざまな種類があります。

まだある金融庁の仕事

●株取引などに不正が無いか監視

株式の取り引きがルールにのっとって正しく行われているか、秘密の取り引きなどが行われていないか、株取引を監視しています。株式の金額が上がるという秘密の情報をもとに株取引をすると、インサイダー取引というルール違反となり、罰せられます。

●活発な経済活動ができるように法律を整備

国の経済活動を活発にするために、投資がしやすい環境づくりを行っています。例えば、金融に関する法律を時代や社会に合わせて整備することなどがあります。近年では、少ない金額から投資ができるNISAという制度をつくっています。

内閣府外局

解説 消費者庁の仕事

消費者庁は、商品やサービスを買うときのトラブルから消費者を守ります。食品の表示ルールを決め、商品をつくった会社に責任をもたせる活動などをします。また、食品ロスの削減、食品中の放射性物質についての理解を進めています。

消費者庁のなりたち

2000年以降、食品偽装事件やガス瞬間湯沸かし器による死亡事故など、消費者が被害者となる大事件がいくつも起こりました。しかし当時は、各省庁がそれぞれの分野だけで対応し、責任の範囲があいまいでした。そこで2009年、消費者問題を専門的に担当する消費者庁が設けられました。

トラブルから消費者を守る

消費者庁は、消費者に関わる法律や制度を担当し、消費者が安全に買いものができるようにルールをつくっています。例えば、商品のパッケージの表示方法を決めていたり、訪問販売などで商品を買ってから一定期間であれば契約をやめることができるクーリングオフなどのルールを定めています。そして、メーカーや販売会社などを常にチェックしています。

また、全国に設けた消費者センターや、消費者ホットラインという電話窓口で、いつでも消費者の相談にのっています。このように消費者庁は、さまざまな方法で消費者の命や健康、財産を守っています。

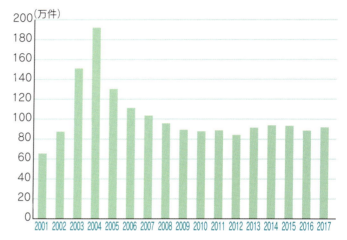

消費生活相談件数の推移。2004年に急増しています。
出典：消費者庁『平成30年版消費者白書』

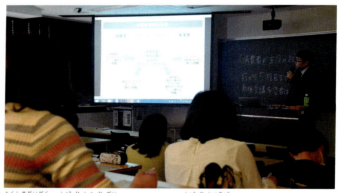

徳島大学で消費者被害について話す消費者庁職員（2018年4月）。

まだある消費者庁の仕事

●食品ロスの削減に向けた取り組み

食べられるのに捨てられてしまう食品のことを「食品ロス」といいます。消費者庁は農林水産省や環境省、京都大学などと協力して「食品ロス削減全国大会」（京都市）というイベントを開催するなど、他省庁や地方公共団体にも働きかけています。

●食品中の放射性物質に関する対応

東日本大震災によって起こった原子力発電所の事故は、農作物などに放射性物質が入っているのではないかと、国民を不安にしました。消費者庁は、食品の安全性や健康への影響に関する情報を発信し、消費者の理解を得るための活動を行っています。

内閣府外局
解説 公正取引委員会の仕事

自由な経済活動が正しく行われるように市場をチェックし、消費者の利益を守るのが、公正取引委員会の仕事です。独占禁止法という法律にもとづき、店や企業が違反をしていた場合は、その違反をやめるように命令します。

市場と競争

市場とは、物やサービスを取り引きする場所のことです。市場では、商品やサービスを売る店や企業と消費者が、自由に売買をしています。市場で、店や企業が競争することで、商品の値段が下がったり、サービスがよくなったりします。

公正取引委員会は、正しい売買が行われるように市場を監視し、消費者が損をしないように注意しています。

公正取引委員会は、企業への立ち入り調査なども行います。

違反が疑われる企業を行政調査

公正取引委員会は、独占禁止法違反の疑いがある店や企業を調べます。これを行政調査といいます。

行政調査では、店や企業に公正取引委員会の職員が出向き、取り引きの記録などを調べ、違反の証拠がないか確認します。違反していた場合、公正取引委員会は、違反をやめて必要な対策をするよう命令します。これを排除措置命令といいます。企業は、意見をのべたり、証拠を提出したりできますが、違反が確認されたら、命令にしたがわなければなりません。したがわない場合は、重い罰を受けることになります。

排除措置命令件数と対象事業者等の推移。
出典：公正取引委員会『平成29年度年次報告』

独占禁止法とは？

日本は自由経済社会なので、企業に対して、独占的な取り引きを禁止しています。それを禁じている法律が独占禁止法で、正式には「私的独占の禁止及び公正取引の確保に関する法律」といいます。一部の企業が利益を独り占めして、他の企業にチャンスを与えないことを防いでいます。

●私的独占
1企業または数企業が手を組み、ライバル企業を市場からしめ出したり、活動をさまたげることです。

●カルテル
企業同士がおたがいの利益を守るため、手を結び、商品の値段や、流通量などを決めてしまうことです。

総務省外局

解説 消防庁の仕事

火災から国民の命や財産を守り、地震や台風などの自然災害による被害を軽減するために、必要な消防署をつくり、車両や設備を準備します。地震や豪雨などの大災害、テロや武力攻撃が起きた場合には、災害から国民を守る司令塔となります。

消防署・消防団を統括

消防庁は、全国に設置されている消防署と、消防署が管理している地域の消防団をまとめています。消防署には、消防隊や救急隊からなる消防職員がいて、火災や震災から地域の人たちを守ります。消防団は、自分が住む地域の安全を守りたいと思う住民が参加し、消防などの訓練を経て、消防署の手助けをします。消防庁は、消防署や消防団の活動する環境を整えます。近年、消防団員が減っていて、消防庁は募集を行っています。

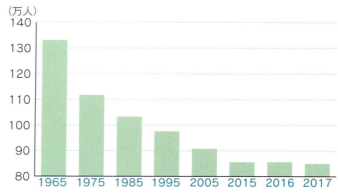

消防団員数の推移。年々人数は減っています。
出典：消防庁『平成29年版消防白書』

大規模災害に備える

地域の消防署や消防団だけでは対応できない、大地震や大型台風、大規模事故など、大災害が起こった場合は、消防庁が、災害から人びとを守る活動の指示を出します。
緊急のとき、消防庁は被害を受けている人びとや地域の状況をすばやく把握し、緊急消防援助隊など、必要な設備や人員を派遣します。緊急消防援助隊とは、緊急のときに各地の消防職員が集められ、地域をこえて消火や救急活動を行うチームです。

大規模災害発生時に運用予定のユーロコプター社製ヘリコプターAS365N3。2013年に宮城県に配備されました。

まだある消防庁の仕事

●火災の予防

火災予防運動を行い、火災予防の大切さを知らせています。火災警報機や消火器を備え、燃えにくいカーテンを使うことなどをすすめています。また、火災予防を行っているホテルや旅館に「適マーク」を与えるなど、火災予防の制度づくりもしています。

●テロ、武力攻撃から国民を守る

緊急時には、消防庁は国民を災害から守るための司令塔となります。人びとを避難させ、救援するための指示を各都道府県に伝えます。また、武力攻撃が原因となった災害への対応について指示を出します。国の対策本部と、各都道府県の調整も行います。

法務省外局
解説 公安調査庁の仕事

法務省の外局で、破防法、団体規制法にもとづいて、テロや破壊行動を行うおそれのある危険な団体から、国民の安全を守るために活動しています。情報を集めて分析し、結果を関係機関に提供します。

調査対象は？

公安調査庁は「破壊活動防止法（破防法）」と「無差別大量殺人行為を行った団体の規制に関する法律（団体規制法）」にもとづいて調査対象を決めています。具体的には、自分たちの主義や主張を暴力的な手段で達成しようとする団体や、過去に無差別大量殺人を行い、現在も危険とされる団体です。暴力やテロなどの過激な行動を起こす団体が調査対象となっています。

危険な団体の動向を調査・分析

公安調査庁の職員は、調査対象となっている団体の組み立てられ方や活動について調査します。関係者や住民への聞きこみなど、たくさんの調査から情報や資料を集めます。全国から集められた情報や資料を公安調査庁が、さまざまな角度から分析します。その結果を関係機関に提供し、政策に活かすことで国と国民の安全に役立てています。

また、世界の公安に関する動きについても、常に情報を集め、分析を行っています。さらに公安調査庁では、国民が危険な団体に注意するための資料もつくります。

過激な組織の施設に立ち入りする公安調査庁。

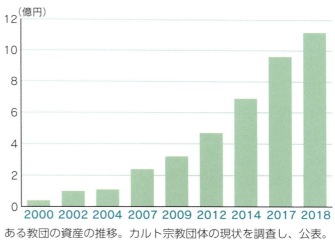
ある教団の資産の推移。カルト宗教団体の現状を調査し、公表。
出典：公安調査庁（http://www.moj.go.jp/psia/20140331.aum.top.html）

東京五輪に向けたテロ防止対策

2020年 東京オリンピック・パラリンピックを見据えた安全・テロ対策で、公安調査庁が担当する取り組みもたくさんあります。

まず、国内の危険な団体がテロを起こして、大会を妨害しないように、情報や資料を集めて分析し、テロ計画をはばみます。

また、人の起こすテロだけでなく、インターネットなどの情報通信を妨害するサイバーテロが起きないよう、セキュリティを強化します。

さらに、各国の公安機関との連携を強めるとしています。危険な人物や団体が日本に入らないようにして、国際的テロからも大会を守ります。

財務省外局

解説 国税庁の仕事

国民や企業から税金を集める仕事を行い、国の財政を支えています。また、国民や企業が期日までに、正しい金額の税金を納めているかどうかを調べ、税金を正しく納めていない場合は、きちんと税金を納めさせます。

国民や企業から税金を集める

国税庁は、国税庁の地方機関である**国税局**と、国税局の事務を担う税務署の指導や監督を行います。税金が正しく納められているかどうかも調べます。

国税徴収官は、税金を納めることが遅れている国民や企業に、催促や指導を行います。国税調査官は、個人で事業をしている人や会社を訪問し、調査します。収入の金額などを国に伝えることを確定申告といいますが、確定申告が間違っていないか、税金の金額は正しいかなどを調べます。

「確定申告」は、税務署へ税金を支払うために必要な手続き。自分の収入、必要な経費、納税する金額を書類に記します。

不正を逃さず強制徴収

税金の金額を減らそうと不正をする国民や企業もあります。そのため国税庁では、大きな金額の違反をして、それを隠している国民や企業には、**国税査察官**が調査を行います。

国税査察官は、通称「マルサ」とも呼ばれ、悪質な税金のがれのときは、強制捜査といって、家や企業に強制的に立ち入って、書類などを調べ上げることも許されています。

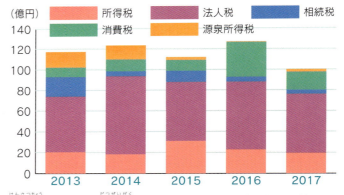

検察庁に告発した脱税額の税目別推移。2017年は約100億円。
出典:国税庁『平成29年度査察の概要』

まだある国税庁の仕事

●**納税申告に関する指導・相談受付**

確定申告をする人には「記帳説明会」を、納税額が大きな事業を行っている人には「青色申告説明会」を行い、納税申告のしかたを説明しています。また、税についての相談窓口を設け、誰でも電話で納税申告の相談ができるようにしています。

●**資本金1億円以上の大企業を調査**

会社の税務調査を行うのは税務署ですが、資本金が1億円以上の会社は、国税庁が調査を行います。

●**酒類の製造・販売業を支える**

酒税という税金をかける酒類に対して、製造や販売の制度や環境づくりなどを行い、支えています。

文部科学省外局

解説 文化庁の仕事

文化庁は、日本の文化や文化財、芸術を保護する活動をしています。また、国民に、国内や世界の文化や芸術を鑑賞する機会を設けています。さらに、日本の文化や芸術などを世界へ紹介、発信していくことも大事な役割となっています。

日本の芸術文化を盛り上げる

日本の芸術文化を盛んにするため、音楽、演劇、舞踏、映画、アニメ、マンガなど、幅広く支援を行っています。例えば、音楽、映画、舞踏などの舞台芸術活動への支援、若手芸術家の育成支援、子どもに文化芸術を体験させる活動、地域の芸術文化活動への支援などがあります。また、「文化庁メディア芸術祭」を開催し、アニメ、マンガ、ゲームなどのすぐれた作品を世に発信します。

文化庁は2021年度末までに京都府警察本部内へ移転する予定。

貴重な文化財を保護

文化庁は、長い歴史の中で生まれ、守り伝えられてきた国民的な財産である文化財を保護しています。特に重要なものについて、国宝、重要文化財、史跡、名勝、天然記念物として指定・登録して、許可なく手を加えたり、輸出することなどを制限しています。一方、文化財を修理したり、文化財を保存する建物を防災にするなど、文化財の保存環境を整備するために補助をしています。

国民が文化財を鑑賞する機会をつくり、文化財の活用も行っています。さらに、日本の文化遺産をユネスコに推薦し、世界遺産の登録を進める手続きをしています。

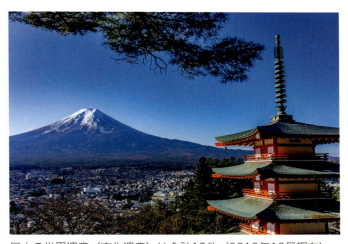

日本の世界遺産（文化遺産）は合計18件（2018年10月現在）。

まだある文化庁の仕事

●著作者の権利を保護

著作権とは、作品や作品をつくった人の権利のことです。文化庁は、あらゆる作品が、許可なくまねされたり、勝手に売られたりしないようにしています。海外で日本の作品がまねされることもあるため、文化庁は、国際的なルールづくりにも参加します。

●国際文化交流

外国に芸術の専門家を派遣したり、現地で人材育成をするなど、文化を通して外国と交流を深めます。

●宗教団体の活動を調査

宗教法人の資料を集め、その活動を調査しています。毎年「宗教統計調査」として公表しています。

文部科学省外局

解説 スポーツ庁の仕事

スポーツ庁は、2020年の東京オリンピック・パラリンピック開催が決まったことからつくられた機関です。それまでは民間の団体が主にスポーツ活動を進めていましたが、現在はスポーツ庁を通して、国がスポーツ活動を推し進めています。

東京五輪・パラリンピック支援

スポーツ庁は、2020年の東京オリンピック・パラリンピックで、金メダルの獲得数を増やすことを最大の目標としています。

そのため、金メダルの獲得が期待できるスポーツへ、特にサポートをしています。そうした計画的な支援ができるようになったのは、それまでは文部科学省のもとにある日本オリンピック委員会（JOC）が決めていた、オリンピック強化のためのお金の配り方を、スポーツ庁がすべて行うことになったからです。

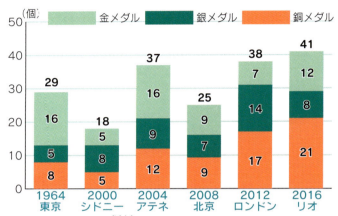

過去の大会で日本が獲得したメダル数の推移。2016年リオデジャネイロ大会でのメダル獲得数は過去最高でした。

スポーツ選手の育成

日本代表選手を育てるために、練習場や合宿施設を整備したり、コーチを育てたりすることもスポーツ庁の仕事です。ほかにも、海外に日本代表チームを遠征に出したり、海外の強いチームを招き、国際試合を行ったりします。海外の優秀なコーチを招いて、日本代表選手の強化をしてもらうこともあります。またコーチによるいじめ（パワハラ）を受けるなど、選手がトラブルにあわないように、各競技団体を監督しています。

トップ選手の強化や研究活動などの拠点に指定されている国立スポーツ科学センターと味の素ナショナルトレーニングセンター。

まだあるスポーツ庁の仕事

●生涯スポーツの推進

国民がスポーツを通して、体力を高め健康を保ち、一生すこやかな生活が送れるように、誰でも気軽にスポーツを楽しめる環境づくりを進めます。スポーツをする人を増やすため、スポーツの楽しさを伝えるなどの広報活動も行っています。

●障害者スポーツの推進

障害者が、気軽にスポーツを楽しめるように、競技団体をサポートし、大会を行ったりしています。パラリンピックに参加する選手も支援しています。また、障害者がスポーツをしやすいように、スポーツ施設のバリアフリー化を進めています。

厚生労働省外局

解説 中央労働委員会の仕事

中央労働委員会は、会社で働いている人たち（労働者）と、会社（雇用主）の間のもめごとを解決するための組織です。労働者と雇用者の両方の話を聞き、平等な立場から、調整に力を貸します。

労働者と雇用主の問題解決

中央労働委員会は、労働者と雇用主の争いを解決するため、労働組合法にもとづいて設けられました。労働組合法とは、労働者が団体をつくり、団体として、雇用主と話し合いをする権利を認めた法律です。争いを解決する「調整機能」に加え、法律に違反した働き方かどうかを判断する「審査・判定機能」もあります。各都道府県にも労働委員会が置かれています。

労働者や雇用主に対してのセミナーも行います。
出典：中央労働委員会（https://www.mhlw.go.jp/churoi/roushi/index.html）

公正、中立な立場を貫く

もっとも多く利用される制度は、調整機能のひとつ「斡旋」です。斡旋とは、労働者と雇用主のトラブルについて、このトラブルとまったく関係のない「斡旋委員」が間に入り、両者の話し合いや歩み寄りを進め、トラブルの解決を助ける制度です。

例えば、労働者が突然会社を辞めさせられたが、その理由に納得できないケースや、労働者が毎日残業をしているのにもかかわらず、残業した分のお金を一部しかもらっていないケースなどで、斡旋が利用されることが多くなっています。

労働者や雇用主のトラブルの件数は年々減っています。
出典：厚生労働省『平成29年労働争議統計調査の概況』

まだある中央労働委員会の仕事

●調停でトラブル解決を助ける

「調停」という制度で、労働者と雇用主のトラブルを解決する手助けをします。調停委員会が、労働者と雇用主の意見をそれぞれ聞き、平等に考えた「調停案」を両方に示します。そして、調停案を両方が受け入れるようにうながし、解決を進めます。

●仲裁でトラブルを解決させる

労働委員会の会長が指名した人たちは、仲裁委員会をつくり、解決をめざします。仲裁委員会は、労働者と雇用主の意見をそれぞれ聞き、労働協約（労働条件などの約束のこと）と同じ効力をもつ書面をつくります。

農林水産省外局

解説 林野庁の仕事

林野庁は、国が所有する国有林を管理・保護し、民間が所有している民有林に対して指導・監督をします。また、林業で生産される製品について、生産から消費まで責任をもち、林業の発展を進め、林業に関わる人を守っています。

国内の森林を管理・保護

日本は、全国土面積の約7割が森林です。森林は、土砂くずれを防ぎ、二酸化炭素を吸って地球温暖化をおさえるなど、重要な役割を担っています。しかし近年、森林が破壊されたり、林業を仕事にする人が減っているという問題があります。林野庁は全国に7つの森林管理局と、120の森林管理署や森林事務所を置き、地方自治体などと協力しながら森林を守っています。

また、林業に関わる人を守る仕事もしています。例えば、木材などの林業製品が、安定して売られ、消費されるように取り組んでいます。また、林業製品の品質の向上にも力を入れています。

現場最前線！「森林官」とは

森林管理署や森林事務所には、森林官がいます。森林官は、森林をパトロールし、山火事やごみが捨てられていないかを確認します。また、木の成長を調べ、伐採してよいかを調査します。森林官の調査結果にもとづいて、木を切ったり、植えたりする計画が立てられます。森林官は、森林をすこやかに育て、林業の発展を進めます。

ニホンジカの侵入対策のため、監視センサーカメラを設置する森林管理局の職員。近年、森林で野生鳥獣による被害が深刻化しています。

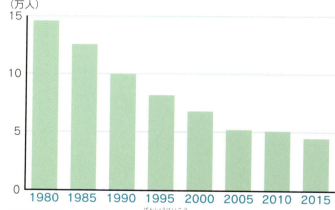

林業従事者の数は長期的に減少傾向にあります。
出典：林野庁（http://www.rinya.maff.go.jp/j/routai/koyou/01.html）

まだある林野庁の仕事

●学校林活動の推進

林野庁は、学校林活動を進めています。これは、子どもたちが植樹や森林での自然学習から、自然科学の知識を身につけ、森林の大切さなどを学ぶことです。林野庁は、自然体験学習のための場を提供し、子どもたちが森林に親しむ機会をつくっています。

●国際的な森林保護

世界の森林面積は、陸地面積の約30％をしめています。林野庁は、国際的な話し合いに参加し、地球規模で持続可能な森林をつくる取り組みをしています。さらに、開発途上国へ森林を保護するための支援をしています。

農林水産省外局

解説 水産庁の仕事

水産庁は、国の重要な資源である水産物を安定して消費者に届けるために、生産を管理し、漁場や漁港、漁村などの整備を進めています。また、海岸を保護して安全を保ち、海岸に近い漁村を津波や高潮などの災害から守る仕事をしています。

水産資源の保存・管理

水産庁は、水産物をふくむ水産資源を管理できるように取り組んでいます。

水産物をとる量が多すぎると、水産資源の状態が悪くなってしまいます。一方で、水産物をとれる量を下回る管理をすると、水産資源の安定を保てなくなり、消費者への提供ができなくなる可能性があります。

水産庁は、科学的なデータにもとづき、水産資源にふさわしい保存と漁業の管理をバランスよく行っています。

漁業調査船、開洋丸。海域で資源調査を行います。

水産物の安定供給に向けて

水産業を取りまく環境は厳しくなっています。原因は、水産資源が減ったことと、それにともなう水産品の値上がり、国民の魚食離れなどです。水産庁は、これらの課題を解決するためにも、水産物を安定供給するよう取り組んでいます。

例えば、漁船ごとにとる量を割りあてたり、漁を休む期間を定めたりしています。

さらに、水産物の養殖、流通や消費も管理し、安定供給を進めています。

海面漁業主要魚種別漁獲量の推移。サバやマイワシ以外は漁獲高が減少傾向です。　出典：農林水産省『平成29年漁業・養殖業生産統計』

まだある水産庁の仕事

●水産研究・技術開発

水産業の産業化を進め、水産資源の管理をより高度にするため、水産研究や技術開発に取り組んでいます。水産業の基礎となる水産資源を保ち、回復させる技術などを研究しています。これは国際社会が求める水産資源の持続可能な開発にもつながります。

●漁港、漁場の整備・開発

水産資源の利用を続け、豊かな自然を残すため、環境に配慮した漁港、漁場の整備・開発を行います。

●水産物の輸出入を管理

国内の水産業がおとろえず、活性化するように、輸入量の調整などを行っています。

経済産業省外局

解説 資源エネルギー庁の仕事

スマートフォンでゲーム、ガスコンロで料理をして、ドライブを楽しむ。日本の便利な暮らしを支えているのは電気や都市ガス、ガソリンなどのエネルギーです。資源エネルギー庁は、エネルギーが安定して供給されるための取り組みを行っています。

エネルギーの安定供給

2011年の東日本大震災後、国内のすべての原子力発電所が停止したこともあり、2014年度、日本のエネルギー自給率は過去最低の6.0％になりました。ほかの先進国に比べ、とても低い数字です。また、化石燃料の約4割をしめる原油ですが、日本はその80％を中東地域から輸入しています。しかし、中東地域が政治的に不安定なため、安定した供給ができるか、金額が大きく変わらないかなどの課題がつねにあります。これらの課題を解決するため、資源エネルギー庁は、資源を持つ国に対して国際協力を行っています。

資源エネルギー庁は、国民の暮らしに欠かせないエネルギーを安定的に供給するための政策を進めています。

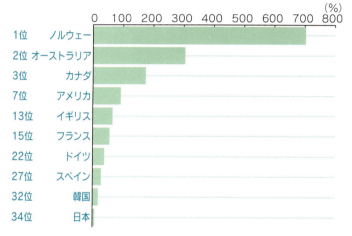

日本のエネルギー自給率は世界第34位。
出典：資源エネルギー庁『2017年度版日本のエネルギー』

再生可能エネルギー

エネルギーを効率的に使うためには、省エネルギーへの取り組みが不可欠です。日本は省エネ大国と呼ばれますが、資源には限りがあるので、より省エネへの工夫と努力が必要です。資源エネルギー庁は太陽光発電をはじめとする、再生可能エネルギーの普及も進めています。

太陽光発電を可能にするソーラーパネル。

再生可能エネルギーってどんなもの？

● 太陽光発電
太陽光パネルに当たる太陽光から発電します。個人の家でも導入することができます。

● 風力発電
岬などに発電用の風車を設置し、発電します。風車は陸上だけでなく海上に設置することもできます。

● 中水力発電
ダムをつくらない小さな水力発電です。詰まったゴミや砂を除くなど、設備の手入れが大変です。

● バイオマス発電
木くずやゴミを燃やして発電します。バイオマス燃料が確保できれば、24時間365日発電できます。

経済産業省外局
解説 特許庁の仕事

特許庁は、発明やデザインをつくった人の権利を保護し、活用して、産業を発展させることを役割としています。特許権、実用新案権、意匠権、商標権、という4つの権利を与え、登録する仕事などを行っています。

知的財産権って何？

アイデアや創作物には、財産的な価値をもつものがあり、それを「知的財産」と呼びます。知的財産の中には、4つの「知的財産権」によって保護されるものがあります。知的財産権は、特許庁に出願して審査を受け、認められたら登録することで権利が与えられます。他人はその権利を勝手に使えません。他人が権利を使うことを許可することで、使用料を得ることもできます。

順位	出願人	登録件数
1	三菱電機	4,484
2	キヤノン	3,931
3	トヨタ自動車	3,378
4	パナソニックIPマネジメント	2,990
5	本田技研工業	2,502
6	リコー	2,468
7	富士通	2,431
8	デンソー	2,110
9	セイコーエプソン	1,971
10	東芝	1,753

2017年の企業の特許登録件数ランキング（特許庁調べ）。

特許庁が守る4つの権利

特許権は、発明と呼べるくらいの新しいアイデアを保護します。認められると強く保護されるので、特許庁は特許権を与えるときには厳しく審査します。

実用新案権は、発明ほど高度な技術ではなくても取得できます。出願内容に間違いがなければ登録されます。

意匠権は、デザインなどをまねされることから保護します。意匠権をもっている国内外のあらゆるデザインと比較し、新しいデザインかどうかきびしく審査します。

商標権は、自分が取り扱う商品やサービスの名前が他の人にまねされないように保護する権利です。

知的財産権の例（自動車の場合）。
- 商標権：車の名前やマーク
- 特許権：新エネルギーで走行
- 意匠権：車体のデザイン
- 実用新案権：ライトの形状

ヒット商品で見る！知的財産権

●ロッテの「雪見だいふく」

ロッテは、冷凍してももちもちした食感を実現した技術を開発し「雪見だいふく」をヒットさせました。-15℃程度のところに置いても固まらずに柔らかいまま、うすく伸びる生地をつくることができました。4年にわたる審理の結果、特許を所持しています。

●小林製薬の「糸ようじ」

小林製薬の歯間清掃商品「糸ようじ」は使いやすさを考え、ようじの曲がりぐあいが研究され、何度も改良されました。その上で発売された形が意匠権を取得しました。このデザインのおかげで、糸ようじを使う人が増えたといわれています。

経済産業省外局

解説 中小企業庁の仕事

製造業では300人以下、小売業では50人以下が働く、比較的規模が小さい会社を「中小企業」といいます。中小企業庁は、この中小企業への支援を行います。日本の会社の99.7％が中小企業のため、日本の経済を発展させる上でとても重要です。

中小企業への支援

中小企業庁は、中小企業が成長し、発展していくためにさまざまな支援を行っています。支援には、経営面、金融面、財務面、商業・地域面、相談・情報提供面などからもサポートがあります。具体的には、中小企業が海外に進出するときに必要な支援を行ったり、震災で被害にあった中小企業にお金を支援したり、伝統工芸品をつくる中小企業が販売する場をつくったり、中小企業のさまざまな課題に専門家が相談にのるなどがあります。中小企業庁は、各都道府県などに働きかけ、協力して、全国の中小企業のサポートをしています。

中小企業の課題は？

近年、中小企業が得た利益は、過去と比べて最高になっています。しかし、生産性が大企業より低いのは大きな課題です。また、人材不足になる会社が増え、改善への取り組みが必要です。社員の高齢化により、会社や技術を引きつぐ人がいないところもあります。費用がないためITを導入できない会社もあります。こうした課題に対して、中小企業庁はさまざまな施策を行っています。

業種	中小企業者（下記のいずれかを満たすこと）		小規模企業者
	資本金の額または出資の総額	常時使用する従業員の数	常時使用する従業員の数
①製造業その他	3億円以下	300人以下	20人以下
②卸売業	1億円以下	100人以下	5人以下
③サービス業	5000万円以下	100人以下	5人以下
④小売業	5000万円以下	50人以下	5人以下

中小企業法上の、中小企業の定義。

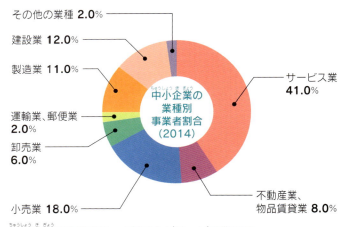

中小企業の業種別事業者割合（2014）
- サービス業 41.0%
- 不動産業、物品賃貸業 8.0%
- 小売業 18.0%
- 卸売業 6.0%
- 運輸業、郵便業 2.0%
- 製造業 11.0%
- 建設業 12.0%
- その他の業種 2.0%

中小企業の事業者は、4割以上がサービス業です。
出典：中小企業庁『最近の中小企業・小規模事業者政策について』（2018年）

まだある中小企業庁の仕事

●商店街を活性化

商店街の魅力をアップさせるための取り組みを支援しています。全国の商店街に対して、3年に1度、現在取り組んでいることや経営状態、問題などを調査しています。経済産業大臣の認定を受けた商店街は、補助金が受けられる制度などがあります。

●伝統工芸品産業の振興

伝統的工芸品活用フォーラム事業を行い、伝統工芸品産業を発展させています。これは、伝統工芸品産地の作り手とさまざまな分野の専門家が共同で、伝統工芸品の技術や素材を活かし、現代にふさわしい作品をつくるもので、新しい商品を提案します。

国土交通省外局

解説 気象庁の仕事

私たちが普段見ている天気予報は、気象庁のデータがもとになっています。気象庁は、雨や風の観測や、地震と火山の監視を毎日行い、発表します。そして、自然災害の危険から、国民の命や財産を守る仕事をしています。

天気に関わる情報を提供

気象庁は、さまざまな観測測器を使って、気象観測を行っています。宇宙空間からは、静止気象衛星ひまわりが、雲や水蒸気を観測しています。アメダスと呼ばれる地域気象観測システムは、全国約1300か所に置かれ、雨の量や気温、風の強さや向きなどを観測しています。全国の気象台では、アメダスの情報に加えて、雲の状態などを人の目で確認しています。気象レーダーによる観測は、雨の強さや降っている範囲を観測し、風を細かく計れるので竜巻の発生を予測できます。気象庁はこれらの観測結果をまとめ、常に気象情報を発信しています。

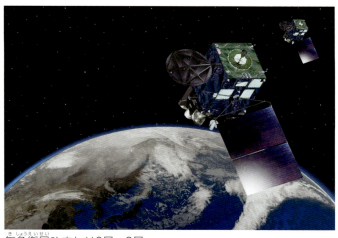

気象衛星ひまわり8号・9号。
出典：気象庁（https://www.data.jma.go.jp/mscweb/ja/general/himawari.html）

自然災害から命を守る

気象庁は、国民の命を自然災害から守るため、台風や地震に関する調査を行い、情報を発表します。

こうした情報には、大雨などの特別警報・注意報、台風情報・気象情報があります。また、竜巻注意情報、土砂災害警戒情報、緊急地震速報、津波警報・注意報も使われます。さらに、場合によっては噴火警報・噴火速報、東海地震関連情報も出されます。

気象庁発表の台風発生件数。2018年は26件（10月22日現在）。

どう違う？　気象予報官と気象予報士

気象予報官は、気象庁職員の役職の名前です。気象予報士は、気象予報士試験の合格者に与えられる国家資格の名前です。

気象予報士の資格がある人は、民間の会社で天気の分析や予測をして発表したり、天候により大きな影響を受ける農業の仕事で活躍したりしています。

気象予報官になるには、国家公務員試験に合格した後、面接を受けて気象庁の職員に採用されることが必要です。

気象予報士の資格は必要ありませんが、必要な研修を受け、気象予報に関する仕事で長年の経験を得た職員だけが、気象予報官になれます。

国土交通省外局

解説 観光庁の仕事

近年、日本政府が力を入れているのが、日本を訪れる外国人観光客を増やすことです。観光庁は、国がかかげる外国人観光客の目標人数を達成するために、国内観光地や観光産業を盛り上げ、日本の魅力を海外に紹介しています。

観光資源の魅力を国内外にPR

政府は、日本を観光立国にするとし、観光資源の魅力の向上、観光産業の国際競争力の強化、ストレスフリーな旅行環境をつくる、という３つの柱で取り組んでいます。外国人観光客は、日本の四季や温泉、和食などに魅力を感じています。観光庁では、初めて日本を訪れる外国人だけでなく、何度も訪日している人の意見も聞き、地方公共団体とも協力しながら、リピーターを増やすことにも力を入れています。また、日本で開催する国際会議などを増やすための支援も行っています。

外国人延べ宿泊者数の推移。特に2014年以降、急増しています。
出典：観光庁『宿泊旅行統計調査』（2017年）

訪日外国人へのサービス強化

外国人観光客を増やし、より便利に楽しんでもらうため、ICTを用いたサービスを増やしています。例えば、入国審査がスムーズに行われるようにしたり、指紋でホテルの利用から買い物までできるようにしたり、多言語サービスをロボットや案内板で行うなどしています。

また来日した外国人が自由にインターネットに接続できるように、空港や鉄道などへのWi-Fi環境の整備を進めています。

タクシーでも言語サービスなどを導入。

「観光立国」への課題と対策

●宿泊施設、航空便の不足

増えた外国人観光客を泊める宿泊施設が足りないことが課題です。大都市における、宿泊施設の不足への対策として「民泊新法」がつくられました。新法を守った上で、空いている建物や部屋を宿泊施設として利用することができるようになりました。

●文化の違いによる摩擦

食事のマナーや宗教上の習慣、トイレの使い方、入れ墨に対する考え方など、外国人観光客と日本人との間には、文化や価値観の違いによる摩擦がたくさんあります。観光立国になるには、国民の理解も必要となります。

国土交通省外局

解説 海上保安庁の仕事

海上保安庁は「海の警察」と呼ばれ、海上の警備を行い、海上の治安と安全を守る仕事をしています。緊急時には海難救助も行い、不審船や密漁船を取りしまります。さらに、海流や海底の地形を調べる海洋調査も行っています。

海の治安と安全を守る

海上保安庁の仕事は大きく3つあり、**警備救難業務、海上交通業務、海洋情報業務**です。

警備救難業務は、海上の治安と安全を守ることを任務としています。密航や密漁、密輸などの取りしまりと海難救助をします。また、タンカー事故が起きた場合などは、海の汚染を防ぐ環境防災も行います。

海上交通業務は、海上交通の管理を行い、海の交通警察として海難事故を防ぎます。安全な海上交通のために必要なブイ（船舶に海上の道を知らせる浮き）や灯台など、航路の標識を建設します。また、海上交通センターから船の安全運行に必要な情報提供をします。

海を知るための海洋調査

海洋情報業務は、海洋に関する情報を調査し、安全な航海に貢献しています。海洋観測や天文観測を行い、航海や海洋開発に必要な海図をつくっています。さらに、海洋火山の噴火に関する情報を提供したり、港湾の測量も行っています。調査した情報は、必要な場合、無線で海上の船舶にも送信します。

総合防災訓練の様子。

船舶事故隻数と死者・行方不明者数の推移。
出典：海上保安庁『平成29年における海難発生状況（確定値）』

海上保安官になるには？

海上保安官になるには、海上保安大学校または海上保安学校へ入る必要があります。

●**海上保安大学校**
海上保安庁の幹部職員を養成するための教育機関です。合計4年9か月、海上保安の仕事をする幹部になるために必要な知識と技能を習得します。

●**海上保安学校**
海上保安庁の一般職員を養成するための教育機関。船舶運航システム課程（航海コース、機関コース、主計コース。各1年課程）、航空課程（1年課程）、情報システム課程（2年課程）、海洋科学課程（1年課程）が設けられ、仕事に必要な知識と技能を学びます。

環境省外局

解説 原子力規制委員会の仕事

原子力規制委員会は、2011年の東日本大震災によって起きた、原子力発電所の事故がきっかけとなり設立されました。ふたたび、このような事故を起こさないために、原子力の安全管理を立て直し、国民の安全と環境を守っています。

新たな基準にもとづき審査

2013年、政府は原子力に関する新規制基準を施行しました。原子力規制委員会は、新基準をもとに審査を行っています。新基準をつくる前、地震や津波などの大規模な自然災害への対策が不十分、重大事故の対策が規制に入っていない、古い原子力施設に新しい規制を当てはめるしくみがないなどの課題がありました。新規制基準はこれらの課題を解決しています。2018年、政府は「2030年度に原子力発電による発電を、全発電の20〜22％にする」としました。それには約30基の原子力施設が必要で、実現の道のりはけわしそうです。

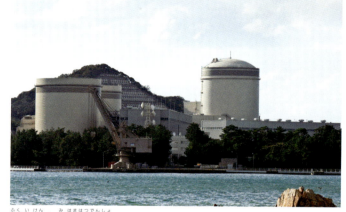
福井県の美浜発電所。

原子力防災への取り組み

原子力規制委員会は、原子力災害の予防対策を行ったにもかかわらず災害が発生してしまった場合、住民の健康や生活に必要な水や電気、ガスなどへの影響をやわらげるようにします。さらに、影響を受けた地域が早く復帰できるように、災害のレベルで地域をわけて地域ごとの対応をしたり、地域の正しい情報を伝えるなどの行動をとるべき、としています。

石川県の志賀原子力発電所。

まだある原子力規制委員会の仕事

●二次被害を防ぐ

放射線に汚染されたものに近づいたり、さわるなどで、二次被害が起きることがあります。原子力規制委員会は放射線障害防止法によって、放射線に汚染されたものを捨てることを制限し、二次被害を防ぎ、人びとや地域の安全を守ります。

●安全への研究

原子力分野の総合的な研究機関である国立研究開発法人日本原子力研究開発機構（JAEA）や大学、学会などと協力し、原子力に関して科学的、技術的な研究を行っています。そして、得た成果を安全基準の整備などに活用します。

防衛省外局

解説 防衛装備庁の仕事

防衛装備庁は、自衛隊が使う防衛装備品を研究・開発するところから、生産、整備、捨てるまでのすべてを仕事としています。以前は、陸海空で部署が分かれていましたが、効率的に仕事を行うため、2015年に3つをまとめて、設置された機関です。

防衛装備品とは？

防衛装備品とは自衛隊が使う、大砲や鉄砲などの火器、レーザーや赤外線、電波などの誘導武器、船舶、航空機、車両、機械、弾火薬類、食糧、燃料などのことです。

国の安全を守り、国防の技術力を強化するため、防衛装備品の開発や生産、整備などを行うのが防衛装備庁の役割です。質の高い装備品を取得しつつ、適切な金額で導入するためには、導入までの工程を総合的に管理し、効率的に実行できる方針や計画が重要です。

装備品が導入されるまで

装備品を導入するまでには、多くの作業が行われます。生産するための金額、導入までの期間などを考え、ふさわしい方針をつくり、計画を立てます。

次に、どんな技術が必要か研究します。国内外のメーカーなどから、必要な材料などを調べて選び、買い求めます。これを調達といいます。そして、求められる機能を考え、試作品を開発します。試作品が設計通りかどうか、試験をして確認します。

その後、装備品は実用化され、導入されていきます。

国際平和協力活動などへの対応のために開発されたC-2輸送機。

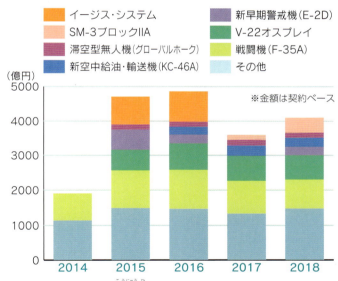

アメリカからの装備品購入費の予算額推移。近年、増加しています。
出典：財務省『財政制度分科会（平成30年4月6日開催）資料』

アメリカ政府との売買システムに賛否

日本がアメリカから防衛装備品を調達する場合、多くのケースで使われるのが「対外有償軍事援助」という購入方法で「FMS」と呼ばれています。

FMSは、日本が企業とではなく、アメリカ海軍省やアメリカ空軍省と取り引きをする制度です。2017年度の実績では、FMSによる防衛装備品の契約金額は全体の24.1％を占めています。

FMSにより、日本はアメリカのミサイル防衛システムや最新鋭の戦闘機など、高い機能の防衛装備品を入手することができます。しかし、価格が適切かどうか、日本の防衛技術の開発力が落ちないかといった心配があります。

活用しよう！
情報公開制度

ここまで、行政機関の仕事内容を見てきましたが、もっと詳しく知りたいと思った場合はどうすればよいのでしょうか。「情報公開法」と「知る権利」について学びましょう。

知る権利 とは？

国民が政治を判断するには、政府のさまざまな情報を知り、分析する必要があります。そのため、国民が必要とする情報を入手できる「知る権利」が認められています。とても大切な人権のひとつです。

情報公開法 とは？

誰でも、国の行政機関が持っている資料を見せてもらえる法律です（正式名称：独立行政法人等の保有する情報の公開に関する法律）。日本に住む外国人も資料を求めることができます。ただし、外交、防衛、警察などの6項目については、その省庁のトップが、資料を見せないと判断することが可能です。資料を求めた人は、公開内容に不満がある場合、訴えることができます。

開示できる情報
行政機関または独立行政法人などが組織で使用するために保有する文書、図画および電磁的記録。手続きを終了したものに限らない。

開示できない情報
①個人情報
②法人情報
③国の安全に関わる情報
④公共の安全に関わる情報
⑤開示することで、率直な意見の交換や意思決定の中立性が損なわれたり、国民に混乱を与えたりするおそれがある情報
⑥行政の運営の妨げとなるおそれがある情報

開示請求 の流れ

開示請求をする場合、まず開示請求書を提出します。各省庁のウェブサイトに開示請求書の説明があり、書類をダウンロードできます。窓口で説明を受けたり、郵送やファックスで請求書を送ってもらうことも可能です。開示請求書をもれなく記入し、提出します。

公開されるか公開されないかは、請求日から原則30日以内に決定されます。公開の通知をもらったら、30日以内に、希望の受けとり方法を知らせます。公開できないという通知を受け取り、その決定に不満がある場合は不服申立てができ、再度審査が行われます。

まだある！ 行政の情報を知る方法

電子政府の総合窓口

インターネットを通じて、「e-Gov」という電子政府の総合窓口から、政府の情報を知ることができます。憲法や法律の内容を調べたり、各府省が提供する行政手続きやサービスを検索することが可能です。

各府省へ政策に関する意見や要望を投稿することもできます。

各官公庁のウェブサイト

各官公庁のウェブサイトでも、国民に対して多くの情報を提供しています。例えば、国土交通省の貸し切りバス事業者の安全情報、外務省の国・地域別の海外安全情報、気象庁の天気予報や防災情報などがあります。

子ども用の「キッズページ」を用意している官公庁もあります。

出典：
気象庁ホームページ
(http://www.jma.go.jp/jma/kids/index.html)

市区町村の役所

もっとも身近な行政機関が市区町村の役所です。窓口で地域の行政について話を聞いたり、情報を知るための方法を教えてもらったりすることができます。また、市区町村の役所への情報開示請求もできます。

パンフレットやポスターからも情報収集ができます。

「こども霞が関見学デー」に行ってみよう！

毎年8月、中央省庁が集まる霞が関で「こども霞が関見学デー」が行われます。このイベントは、文部科学省をはじめとした府省庁などが協力して、省内を見学したり、省庁の仕事の説明をしたりしています。広く社会を知るチャンスであることに加え、府省庁の仕事に対する理解を深めることができます。

大臣室の見学、パラスポーツ体験、岩石標本をつくるなど、いろいろな体験を楽しめるイベントです。

毎年、6月頃に各省庁のウェブサイトに詳しい情報が公開されます。

2018年度のチラシ。

文部科学省での出展の様子。

財務省で記者になったつもりで大臣に質問する参加者。

出典：財務省ホームページ (https://www.mof.go.jp/public_relations/ohter/kengaku_yousu2017.html)

さくいん

あ

- IoT（アイオーティー） ……………………………… 28
- ICT（アイシーティー） ……………… 33,57,80,132
- 「新しい東北」 ………………………………… 110
- 空き家 ……………………………………… 46,47
- 斡旋（あっせん） ……………………………… 125
- アメダス ……………………………………… 131
- e-Gov（イーガブ） …………………………… 137
- 意見事務 ……………………………………… 103
- 違憲立法審査権（いけんりっぽうしんさけん） … 6
- 意匠権（いしょうけん） ……………………… 129
- 一般職（いっぱんしょく） …… 12,13,14,39,66,107,133
- 医療保険（いりょうほけん） ………………… 58
- インターネット投票 ………………………… 33
- インフラ ………………… 27,31,42,108,110
- AI（エーアイ） ……………… 28,29,49,55,96
- エネルギー自給率（じきゅうりつ） ………… 128
- FMS（エフエムエス） ……………………… 135

か

- 海外安全情報（かいがいあんぜんじょうほう） … 41,137
- 海外在留邦人（かいがいざいりゅうほうじん） … 41
- 外局（がいきょく） ……… 10,11,17,49,62,114,116,
- 会計検査院（かいけいけんさいん） ………… 112,113
- 外交 …………………………………… 40,42,136
- 外交官 …………………………………………… 35
- 介護保険制度（かいごほけんせいど） ……… 59
- 概算要求（がいさんようきゅう） …………… 22
- 開示請求 …………………………………… 136,137
- 海上自衛隊（かいじょうじえいたい） ……… 87,92,93
- 海上保安学校（かいじょうほあんがっこう） … 15,133
- 海上保安官（かいじょうほあんかん） ……… 15,133
- 海上保安大学校（かいじょうほあんだいがっこう） … 15,133
- 海上保安庁（かいじょうほあんちょう） …… 15,133
- 外為法（がいためほう） ……………………… 27
- 開発途上国（かいはつとじょうこく） …… 25,36,42,43,113,126
- 外務省（がいむしょう） ……………………… 34,35,36,37,38,39,40,41,43,52,98,137
- 外務本省（がいむほんしょう） ……………… 40
- 外来生物 ……………………………………… 84,85
- 外来生物法（がいらいせいぶつほう） ……… 84
- 科学警察研究所（かがくけいさつけんきゅうじょ） … 115
- 核家族化 ………………………………………… 47
- 閣議（かくぎ） …………………………… 22,101,102,103
- 学習指導要領（がくしゅうしどうようりょう） … 54,56
- 閣僚（かくりょう） …………………………… 8
- 仮設住宅 ……………………………………… 109
- カリキュラム(教育課程)（きょういくかてい） … 54
- 為替（かわせ） ………………………………… 17,25
- 環境省（かんきょうしょう） …… 82,83,84,85,111,118
- 環境省版レッドリスト（かんきょうしょうばん） … 85
- 観光庁（かんこうちょう） …………………… 63,132
- 関税（かんぜい） ……………………………… 17,25

間接税	24,25
官庁訪問	14,15
官民連携	26,110
官僚	7
気象庁	101,131,137
気象予報官	131
機能局	40
教育委員会	53,55
行政	6,7,8,9,10,12,17,18,19,21,30,101,106,107,113,136,137
行政機関	7,11,30,46,47,107,110,136,137
行政執行法人	12
行政相談委員	30
行政相談窓口	30
行政調査	119
共同宣言	35
緊急消防援助隊	120
金融	99,117,130
金融庁	117
宮内庁	11,116
クーリングオフ	118
クールビズ	83
軽減税率制度	25
経済産業省	26,27,28,29
警察庁	11,114,115
刑事施設	70
経常利益	27
傾聴ボランティア	110
刑務官	14,70
刑務所	14,63,67,68,70,71
検察官	12,13
検察庁	11,63,68,71,122
検査報告	112,113
原子力規制委員会	134
原子力発電所	111,118,128,134
憲法第9条	92,94
公安調査庁	121
公共事業	22,23
航空管制官	15,45
皇宮警察本部	115
皇宮護衛官	14
航空自衛隊	87,88,89,90,92,95
航空保安大学校	15
皇室典範特例法	104
更生	70,71
公正取引委員会	11,119
厚生労働省	58,59,60,61,102,125
皇族	14,115,116
国債	20,23
国際平和協力活動	87,93,135
国際法	35,98,99,105
国事行為	8,116
国税	31
国税局	21,122
国税査察官	122
国税専門官	14
国税庁	11,17,122
国勢調査	33
国籍	63,69

国土交通省	15,22,44,45,46,47,82,108,137
国務大臣	8,9,12,101,105,116
国立印刷局	12
戸籍	69
国会	6,7,8,9,20,22,25,50,60,74,92,101,102,103,106,112,116
国会議員	6,7,8,9,20,52,74,103,105,116
国家公安委員会	11,114
国家公務員	7,9,12,13,19,51,99,106,107,114
国家公務員試験	7,12,13,14,15,39,131
国家公務員法	107
こども霞が関見学デー	137
コンパクトシティ	47

さ

再入者	70
災害公営住宅	109
在外公館	39,40,41,53,67
最高裁判所	6,101,116
歳出	22,23,24
再生可能エネルギー	128
歳入	22,23
裁判官	6,12,13,105,116
再犯者	70
裁判所	6,129
サイバーセキュリティ	101
財務省	11,16,17,18,19,20,21,22,23,24,25,137
在来種	85
在留届	41
里親制度	59
産学官連携	55
参議院	6,7,22,105
さんきゅうパパ プロジェクト	97
Jアラート	101
自衛隊	15,36,87,88,89,90,91,92,93,94,95,135
G7サミット	35,40
死刑制度	71
資源エネルギー庁	128
実地検査	112
実用新案権	129
児童相談所	59
児童養護施設	59
司法	6,13
司法試験	13
JICA（国際協力機構）	43
社会保障	17,23
衆議院	6,7,8,22,105,116
集団的自衛権	95
重要政策に関する会議	96,100
出生数	97
循環型社会	83
奨学金制度	50
少子化	97,101
少年院	70
少年刑務所	70
消費者センター	118

消費者庁	118
消費者問題	118
消費税	24,25
商標権	129
情報公開制度	30,136
情報公開法	136
消防署	120
消防団	120
消防庁	11,101,111,120
情報通信技術	33
食育	73
食料安全保障	73
食料自給率	78
女性活躍推進法	97
書面検査	112
知る権利	136
人権侵犯事件	69
人権相談	69
人権相談窓口	69
人工知能	28,49,55,96
人事院	13,15,106,107
森林官	126
森林管理局	126
森林管理署	126
水産資源	127
水産庁	127
水質調査	82
スポーツ大臣会合	49
スポーツ庁	48,49,124
スマート農業	80
スマートものづくり応援隊	29
スーパーサイエンスハイスクール(SSH)	57
3R	83
政治家	7,36,116
静止気象衛星ひまわり	131
生前退位	104
製造業	26,27,28,29,130
生態系	84,85
政府開発援助(ODA)	42,43
税務署	14,122
世界遺産	123
尖閣諸島	99
選挙	7,8,9,22,24,32,33,116
専門職	14,39,107
総合科学技術・イノベーション会議	96,100
総合職	13,14,39,66,107
増税	24,25
総務省	11,17,20,30,31,32,33
総領事館	34,39,40,41

た

大使館	39,40,41
第1次産業	27
第2次産業	27
第3次産業	27
竹島	99
縦割り行政	10
男女共同参画	97,100,101
治安	40,41,63,65,114,133
地域局	40

地球温暖化……………………43,82,83,126
知的財産……………………………99,129
地方公共団体……………………7,17,18,23,
30,31,47,77,82,106,109,111,118,132
地方交付税……………………17,18,23,31
地方公務員……………………12,106,114,
地方自治………………………………31
地方税…………………………………31
中央教育審議会………………………54
中央省庁………………7,10,11,12,87,137
中央省庁改革関連法…………………10
中央省庁改革基本法…………………10
中央労働委員会……………………125
仲裁…………………………………125
中小企業庁…………………………130
調停…………………………………125
通信インフラ…………………………31
テロ……………40,41,100,101,115,120,121
電気通信事業法………………………31
天皇………………8,104,105,115,116
同一労働同一賃金…………………60,61
東京オリンピック・パラリンピック……………
9,49,83,121,124
投票率………………………………32,33
道府県税………………………………31
独占禁止法…………………………119
特定外来生物…………………………84
特別職………………………………12,13
特別養護老人ホーム…………………59
特別養子縁組…………………………59

特許権………………………………129
特許庁………………………………129
都道府県警察…………………114,115

な

内閣…………6,8,10,17,22,96,100,106,112
内閣官房……………………………100,101
内閣官房長官………………96,100,101
内閣総理大臣……………………………8,9,
12,35,36,92,96,99,100,101,102,103,116
内閣府………………………………10,11,
93,96,97,98,99,100,101,111,112,116
内閣不信任決議………………………6
内閣法制局……………102,103,104,105
難民認定………………………………68
日本オリンピック委員会(JOC)…………124
入国管理局……………10,62,63,64,65,66
入国審査官…………………63,67,68
年金……………………………7,23,61
農業教育……………………………72,73,76
農業就業人口…………………………79
農泊…………………………………79
農林水産省…………………………72,
73,75,77,78,79,80,81,111,118

は

排除措置命令………………………119
破壊活動防止法……………………121
ハザードマップ………………………47
働き方改革…………………………60,61

ハローワーク	61
東日本大震災	10,23,27,42,93,108,109,111,118,128,134
非製造業	27
避難者	109
PKO	93
復興庁	9,10,108,109,110,111
不動産登記	69,71
不法入国	63,64
ブルーインパルス	87,88,89,95
プログラミング教育	56
プログラミング的思考	56
文化財	49,123
文化庁	49,123
文教及び科学振興	23
フード・アクション・ニッポン	78
平和安全法制	95
平和主義	94,95,105
弁護士	13,35,71
防衛省	10,15,36,86,87,88,89,90,91,92,93,95
防衛装備庁	135
防衛装備品	135
防衛大学校	15,87,89,91
貿易	27,35,43
法テラス	71
訪日外国人	64,132
法務省	13,62,63,64,65,66,67,68,69,70,71,121
北方領土	98
本省	11,21,35,39,40,50,67,77

ま

マルチ外交	35,38
民間企業	13,14,26,99,106
モノ＋コト	28
文部科学省	48,49,50,51,52,53,54,55,57,124,137

や

野生動植物	85
ユニバーサルデザイン	47
ユネスコ	49,52,80,123
要介護認定	59
予算	6,8,17,19,20,22,23,30,44,96,99,101,108,114

ら

陸上自衛隊	87,92,93
立法	6,7
領域	87
領土問題	98
林野庁	126
累進課税	25
労働基準法	107

監修者	：稲継裕昭（いなつぐ　ひろあき）

早稲田大学政治経済学術院教授。京都大学法学部卒業。京都大学博士（法学）。大阪市職員、姫路獨協大学助教授、大阪市立大学法学部教授、同法学部長等を経て2007年より現職。著書に『AIで変わる自治体業務』（ぎょうせい）、『自治体の会計年度任用職員制度』（学陽書房）、『シビックテック―ICTを使って地域課題を自分たちで解決する』（勁草書房）、『東日本大震災大規模調査から読み解く災害対応―自治体の体制・職員の行動―』（第一法規）など多数。

表紙デザイン	：倉科明敏（T.デザイン室）
本文デザイン	：松川ゆかり（オフィス303）
本文イラスト	：ハラアツシ
撮影	：平井伸造、土屋貴章（オフィス303）
執筆	：小野寺ふく実（ブライトスター・プランニング）
DTP	：中谷潤、佐々木淳二（クリエイティブアソシエイツボイス東京）
校正	：聚珍社
編集・制作	：酒井理恵・林太陽・板場理紗（オフィス303）
取材協力	：財務省、外務省、文部科学省、法務省、農林水産省、防衛省
写真協力	：財務省、日刊工業新聞社（P29）、総務省、株式会社フォスター／フォスター・プラス、外務省、株式会社フォトライブラリー、JICA、国土交通省、文部科学省、ハローワーク墨田（P61）、法務省、農林水産省、防衛省、ピクスタ株式会社、朝日新聞社（P22,24,26,28,32,40,46,59,60,70,80,83,84,96,97,98,100,103,104,105,108,109,110,111,115,118,119,121,126,132,133）
参考文献	：『中学社会用語集』（旺文社）、『用語集 社会・経済』（清水書院）、『アドバンス中学公民資料』（帝国書院）、『キーワードで読む白書ガイド』（ぎょうせい白書研究会）、『今こそ知りたい！三権分立2 行政権ってなんだろう』（あすなろ書房）、『国家公務員になろう』（オーエス出版）他

キャリア教育に役立つ！

官公庁の仕事

2018年12月19日　第1刷発行

監　修　稲継裕昭
発行者　岡本光晴
発行所　株式会社あかね書房
〒101-0065 東京都千代田区西神田 3-2-1
電話 03-3263-0641（営業）　03-3263-0644（編集）
印刷所　株式会社精興社
製本所　株式会社難波製本

落丁本・乱丁本はおとりかえいたします。
定価はカバーに表示してあります。

© Office303 2018 Printed in Japan
ISBN978-4-251-04510-2
https://www.akaneshobo.co.jp

```
NDC317
監修　稲継裕昭
キャリア教育に役立つ！ 官公庁の仕事
あかね書房 2018　144p 31cm×22cm
```

本書は2018年10月末現在の情報を掲載しています。国の政策などは最新の情報もあわせてご確認ください。